結果を出す人がやっている

スピードと
質を上げる考え方・
段取りのポイント

# 「思考整理」の習慣

HOW TO ORGANIZE
YOUR THOUGHTS

生方正也
Ubukata Masaya

日本実業出版社

# はじめに

行動に移す前に思考を整理する。言い換えると、「まず頭の中を整理し、実行に向けた設計図を作っておく」――さまざまな仕事を生産的にこなすためには、このような思考整理の習慣は欠かせません。

行き当たりばったりの仕事をしていては、着手するのは早くても業務完了までに何度もやり直しが出たりして、結局クオリティも上がらなければスピード感にも欠けることになりかねません。

一方で、どのように仕事を進めればいいかを考えたうえで実行に移せば、そのようなことはなくなります。ただ、悩ましいのは、頭の中の整理の仕方として、さまざまな考え方や手法が世の中で紹介されている中で、「どれが自分にとって最善なのか」がよくわからない、ということです。

これらの考え方や手法のうち、あるやり方が正しくて、他は駄目だというわけではありません。大事なのは「自分に合っているか」、それから「直面している仕事の課題に合っているか」で選択することです。

自分に合った仕事の考え方や進め方をするのは、とても大事なことです。適応しようと思っても、自分に合わない考え方・進め方は存在するからです。そこで無理をする必要はありません。なんといっても、考え方や仕事の進め方の手段はたくさんあるのですから。

一方で、自分のやりやすい考え方や進め方が、今取り組もうとする仕事に合ったものなのかどうか、自問することも忘れてはいけません。すべてのシチュエーションにおいて、自分の得意技だけで対応することはできないからです。

例えば、ロジカルに考えるのが得意だからといって、独創的なアイデアを出すためのブレストをしているときにロジカルな視点からの検証ばかりしていても、良いブレストにならないのは明らかです。となると、カギとなるのは「それぞれの仕事の場面では、どんな考え方や仕事への取り組み方をするのがいいのか」を整理することです。

仕事上のさまざまな場面で、考えや仕事の手順を整理したうえで進めると、結果がどう変わるのかを説明したのがこの本です。

第1章では、生産的に仕事を進めるための思考整理の仕方の基本的なスタンスについて解説しています。その後の第2章から第5章では、日常業務の場面別に、求められる考え方や仕事の進め方についてまとめました。

なお、この本では定番となっている〝思考ツール〟の紹介もしていますが、それよりも「その場面でどんな考え方をするといいのか」を紹介することに重点を置いています。

思考ツール自体は日々新たなものが生み出されていますし、それを解説する本もたくさん刊行されています。大切なのは、ただひたすらそのツールを使いこなそうとするよりも、それをどの場面で使うのがいいのか、逆にどの場面で使うのは適切ではないのかを区別できることです。この本を通じて、思考ツールを仕分けする目も養っていただければ幸いです。

生方正也

２０１９年11月

目次――結果を出す人がやっている「思考整理」の習慣

# 第2章 情報を「集める」ときにやっておきたい思考整理

SCENE

# 第3章 情報を「伝える」ときにやっておきたい思考整理

×○ SCENE

# 第4章 生産性の高い会議・打ち合わせを行うための思考整理

×○ SCENE

## 第5章 思考整理でクリエイティビティを高める

SCENE




カバーデザイン　井上新八
本文デザイン・DTP　初見弘一

# 第1章

# 思考整理の基本スタンスを身につける

まずは、さまざまなビジネスシーンを例にとって、仕事をするうえでの「思考整理」とはどのようなものなのか、紹介していきます。一見すると回りくどいように感じられるかもしれませんが、思考を適切に整理することで、あなたのアウトプットは劇的に変わります。

SCENE 1

「答え」を求められているとき

# ○ 質を高められる答えを探す

× 間違っていない答えでまとめる

## 学校とは違う点数のつき方

ビジネスシーンでは、どんな立場の人でも常に判断が求められます。これは、企業のトップなど限られた人だけでなく、上司や先輩の指示通り動くことが求められる新入社員でも同様です。「どの仕事から取り組もうか」「お客様からの問い合わせに自分が答えていいか」など、判断を迫られることは必ずあります。言い換えれば、**いろい**

**ろな場面で答えを出して行動するのが仕事を進めるということ**です。

そんなとき、ふと、こう思ってしまうことはないでしょうか。

「これで合っているかな……？」

このように考えるのは、ある意味自然なことです。なんといっても学校では、常に「合っているか」すなわち正解かどうかで評価されているからです。

しかし、ビジネスシーンで合っているか間違っているかで評価されることは、実はあまり多くありません。むしろ、**仕事のレベルが上がるほど、「それで合っているか」で評価できない場面が訪れるもの**です。

例として、お客様に自社の商品を提案するシーンを取り上げてみましょう。自分の提案が首尾よく通ったとき、それは「正解」を出したのでしょうか？　少し違いますね。また、残念ながら提案が通らなかった場合、その提案は「間違い」だったのでしょうか？　これも少しニュアンスが違います。

実際、提案が通らなかった理由を探ってみると、例えば「競合の提案のほうが魅力的だった」とか「提案内容自体は悪くないけど、すでに別の商品での検討が進んでしまっていた」など、必ずしも間違っていないけれど通らないというケースがほとんどです。逆に言えば提案が採用された理由も、「絶対にこれが良かった」というよりも、他と比べて相対的に良かったということが大半なのです。

つまり、**答えが合っているかどうかという観点で自分の仕事を評価するのは危険**だということです。

## 目指すのは「質の高い」答え

では、どんな観点で自分の仕事を評価すればいいでしょうか。それは**「質の高い答えを出していたかどうか」**です。実は、仕事の評価はほとんどがこの観点で見ることができます。先ほどの提案の例でも、「競合よりも魅力的な提案となっていたか」「顧客の期待を超える提案となっていたか」などがカギとなるのです。

このように書くと、「無理に正解を追求しなくていいなら、気分が楽になった」と感じるかもしれませんが、全く逆です。むしろ、「これは大変なことになった」と思ったほうがいいでしょう。なぜなら、正解は決められたゴールがあるので、そこに到達すればいいだけですが、質の高さを求められるとなると、天井がないことになります。つまり、**「提案が採用されたからOK」という発想ではなく、常に「より質の高い答えはないか」を求めなければならなくなる**のです。

この「終わりなき旅」をいかに続けられるかが、深く考えることにつながっていきます。場合によっては、自信のある答えをもう一度見直し、ゼロから作り直さなければならない場面も出てくるでしょう。今のままでも十分なのに、なぜ何度もやり直さなければならないのか、と感じることも出てくるはずです。しかし、ここを乗り越えると、より一層、「質の高い答え」に到達することができるのです。

## 「間違っていない」で自分に限界を作らない

正解を求める姿勢は、往々にして「間違っていないからいいか」という姿勢につながっていきます。そうすると、結果的には安易な答えで止まってしまうことになりかねません。ぜひ「質の高い答え」を求め続けてください。

最後に、誤解のないようにお伝えしておきますが、今述べたことは、決して「ビジネスで間違いはない」という意味ではありません。お客様への提案の例でいえば、大事なところでデータの取り違えがあったとか、違うお客様向けの提案をしてしまったとかいうのは間違いになりますし、そのような提案書は一発でアウトです。

ただ、このような間違いが起きることは、初心者ならともかく、ある程度の経験を積んだ人であれば滅多にないでしょう。これをクリアしたからといって、決して自慢できるものではないことは忘れないでください。

SCENE 2

物事を考えるとき

# ○ 事実に基づいて客観的に発想する

# × 過去の経験に基づいて発想する

## ■「直感的に考える」のワナ

物事を考えるとき、どんなことに気をつける必要があるでしょうか？

よく「直感的に考える」という言葉を耳にします。そのときパッと思い浮かんだアイデアをもとに何かアクションをとろうとする場合によく使います。

この「直感」をもう少し丁寧に見ると、直感の材料は自分の経験であり、それをもとに瞬時に判断していることになります。つまり、**自分の経験に基づいて瞬時に判断することが「直感的に考えること」**なのです。

もちろん、直感は多くの場合、正しい判断につながります。通常の仕事においては、これまでの経験が全く通用しない場面のほうが少ないので、こうした直感に頼ることが必ずしも悪いわけではありません。

接客をしていてお客様が顔をしかめたら何か不満か違和感がありそうだと直感するのは、これまでの経験から顔をしかめたお客様は不満や違和感を持っている場合が多いことがわかっているからです。

ただし、直感が通用するのは、これまでの経験を使える可能性が高い場面です。そうでないときに、むやみにこれまでの経験をもとに判断しようとすると痛い目にあいます。

また、直感的に考える場合は、「あのとき、こんなことを経験したなあ」などと悠長に考えることはしません。瞬時に思い起こすものです。そのときに危険なのは、似たような経験を持ち出してしまうなど、思い込みが入り込んでしまうことです。

**こうした場合に頼りになるのは、「事実」や「データ」です。**

私たちの経験は、判断に使える範囲が限られています。その経験が妥当なものかをチェックする意味で、使えそうな事実やデータはないかを探りましょう。

## 事実やデータがあれば客観的に判断できる

具体的な情報が入ってくる際、私たちは主観的な判断をしがちです。例えば後輩がミスをした場合、「あの後輩は仕事ができない」とか「後輩のミスのせいで自分が迷惑している」といったように、主観的にそのミスを捉えてしまいがちです。

もちろん、そうした主観的な解釈をしてしまうのはやむを得ないことではありますが、**主観的な解釈ばかりでは思い込みや誤解につながります。**そこで、できるだけ早い段階で客観的に見るようにすることが必要です。

客観的に捉える際に欠かせないのが、「別のものとの比較」です。他のものと比べることをせずに、私たちは客観的に物事を見ることはできません。よく「客観的な数値」というような言い方をしますが、数値そのものが客観的なのではありません。**他の数値と比較できる場合において、初めて数値は客観的なものになる**のです。

先ほどの例で挙げたミスについても、その後輩は他の後輩と比べてミスが多いか、

## 数値は比較して意味が出る

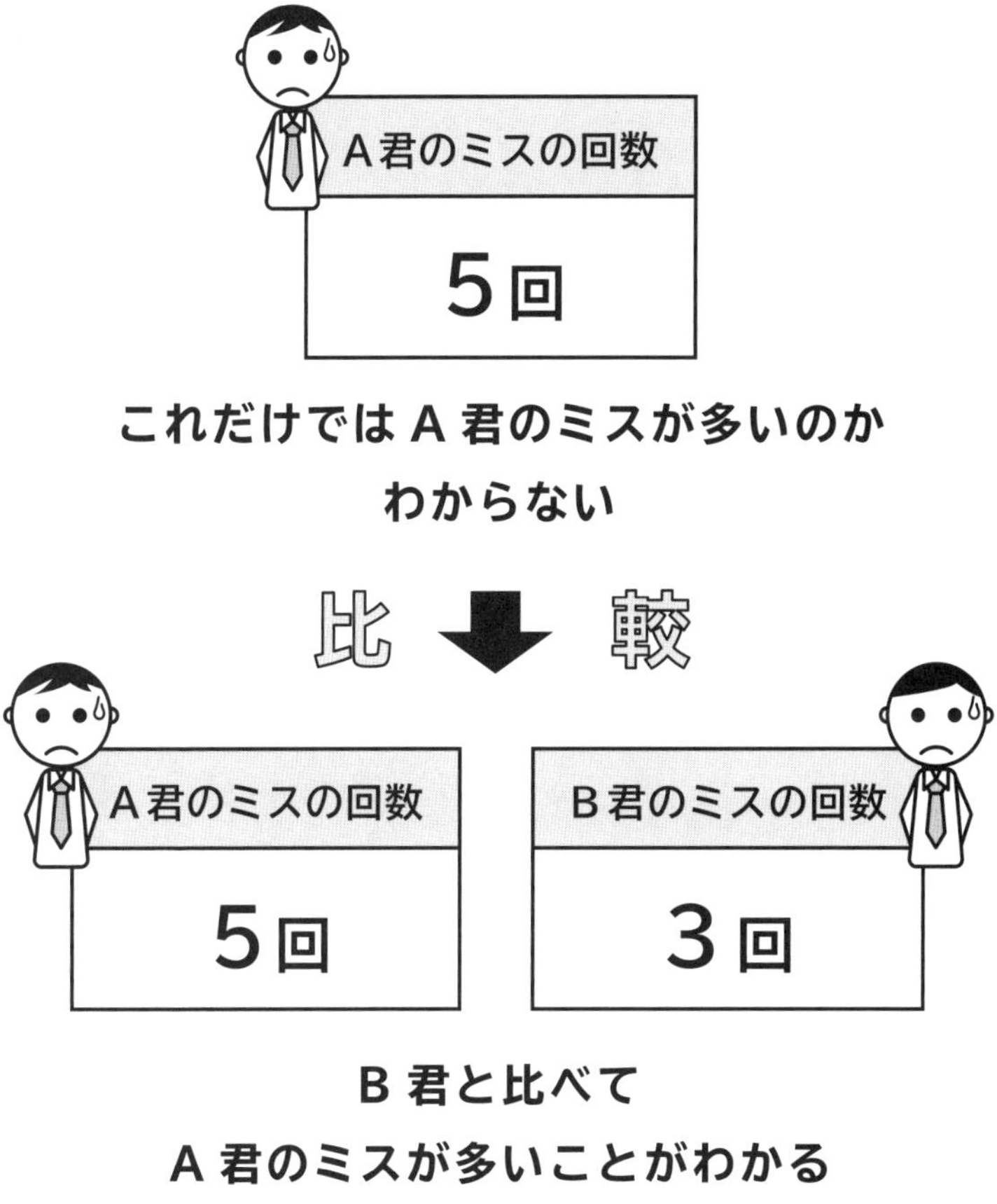
A君のミスの回数
5回
これだけではA君のミスが多いのか
わからない
比較
A君のミスの回数
5回
B君のミスの回数
3回
B君と比べて
A君のミスが多いことがわかる

今回のミスはどんな状況で起きたものなのか、その後輩は他の業務でもよくミスをするのか、といった形で客観的にミスを捉えてみれば、どんな対応をすればいいのかのヒントにつながります。

同じ事実やデータでも、このように客観的に捉えることができれば、偏りなく筋道の立った結論を考え出すことができます。

SCENE 3

少ない情報で判断を迫られたとき

○ 仮説を立てて動く

× 十分な情報が入手できるまで粘る

## スピーディに行動するために仮説を立てる

日々さまざまな仕事に追われていると、考える時間がもったいないと感じることもあるでしょう。「考えるより行動することが大事」「考える暇があったらさっさと動け」という発想の人もいます。もちろん、最後にはしっかりと実行しなければ成果に結びつきませんが、何も考えずに条件反射的に行動していると、思わぬミスにつながったり、結果的に無駄なことを繰り返しているだけ、というケースになりがちです。

上司から資料の提出を依頼されたとき、要望通りの資料を提出したのに「別の資料もほしい」「もう少し体裁を整えてほしい」と言われて何度も資料を提出する羽目になった、なんてことはないでしょうか。これは条件反射的に行動している例です。

この場合も、依頼の背景や意図を確認すると同時に、どんな資料を提出すべきかの仮説を考えて資料にまとめたほうが、よほどスムーズに上司の要望に応えられます。

ただし、「考えていると時間がかかってスピーディに行動できない」とイメージする人もいるでしょう。これは、「考えようとすると、いろいろなデータや情報が必要になる。それを集めてじっくり答えを出そうとすると時間がかかる」と思っているからです。つまり、データや情報が十分ではないと、考えてもいい答えが出てこない、結果として判断するのに時間がかかってしまうと思い込んでいるのです。

この考え方がさらに進むと、「まだ情報を十分入手できていないから、ここで安易に結論を出すのは危険だ」と結論を出すのを先送りすることにつながっていきます。しっかり考えるといっても、結論を出すのを先延ばしするようでは、考えたことが仕事に役立っているとはいえません。

今挙げたような２つのパターンは、どちらも陥らないように気をつけなければならないものです。そのために、**「仮説思考」**を取り入れることが大切です。**仮説思考とは、ある程度データや情報が入手できたタイミングで、その時点での答え、つまり「仮説」を立て、その仮説をもとにアクションに移すことです。**

データや情報がすべて揃うまで待って結論を出すのではなく、「今まで入手できたデータをもとにすると、このような結論になりそうだ」という要領で、期限を区切って仮説を立てて行動に移していく。そして仮説が適切かどうかを確認しながら、必要に応じて仮説を修正していく――。これが仮説思考です。

**仮説思考で考えていけば、常にその時点で出せる最善の答えが出ていることになります。**そのため、何かアクションをとらなければならない場面では必ず答えが出て、スピーディに行動に移すことができるようになります。また、行動の指針があるため、その場での思いつきで行動する必要はありませんし、どう動けばいいのかをイチから考えて時間が過ぎてしまうこともありません。

## 限られた時間と情報で仮説を立てる

また、仮説思考は、大量の事実やデータを使ってアウトプットをまとめようとするときに効果を発揮します。情報収集をして事実やデータを大量に集めるのは時間がかかりますし、仮にすべて入手できたとしても、それらのデータをどう扱えばいいかがわからず途方にくれることになります。そこで、**一部の事実やデータからその時点で言えそうな仮説を立て、残った事実やデータでそれを検証していけば、事実やデータをうまく活用できるようになります。**

社内の会議室が常に満室なので、会議を減らしたいという場合で考えてみましょう。ここで条件反射的に「無駄な会議はやめよう」と声をかけても、会議が減ることはないでしょう。一方で、現在どんな会議が開かれて、それぞれどの程度時間を費やしているのかを調べたり、会議が長引く理由を社員全員からヒアリングして調べようとすると、時間がかかってなかなか対応策までたどり着きません。

そこで、ひとまず数名の社員に話を聞いてみて、その話をもとにどんな会議が多いのか、無駄な会議はないかの仮説を立てます。「メールで共有すれば済む話も会議で話している」という声が何名から挙がるようなら、「情報共有はメールでして、議論すべきことだけ会議で議論する」という対応策の仮説を立てることができます。

ただし、この対応策はあくまでも数名の声から立てられた仮説に過ぎません。そこ

仮説思考ができれば判断がスピーディに！
思いつきで動く人
いろいろデータはあるけど、それは脇に置いて、とりあえず・・・
動いても
つまずいてしまう
データに縛られている人
データは集めたけれど、答えを出すにはまだデータが足りないなぁ・・・
なかなか動けない
判断
仮説思考をする人
データから立てられた仮説をもとにアクションをとっていこう
仮説
スピーディに動ける

で、対策を実行するまでに時間があれば他の人にも話を聞いて、その仮説が本当だと言えそうか、確認をしなければなりません。

このように、情報やデータをある程度入手した時点で仮説を立て、その仮説をもとにアクションに移したり、さらに情報やデータを入手して仮説を確認していくことで、スピーディでありながら条件反射でない行動をとることができます。

ここで注意しておきたいのは、「仮説」といってもどんなレベルのものでもいいわけではない、ということです。「仮説」と聞くと、「とりあえず適当に答えておいて、『それはあくまでも仮説だ』と言えばいいんでしょ」と感じる人もいるようです。

しかし、当てずっぽうや思いつきレベルの仮説で行動に移すのは、条件反射的に行動しているのと変わりません。**限られた時間と情報しか得られなくても、その時間と情報を最大限に使ってベストと思える答えを探すのが、仮説思考の本質**です。

時間を大切にしたいなら、筋道を立てて考え、その内容を忠実に実行するのが一番です。「時間がないから考えるのはやめて、やれることをさっさと実行しよう」というのは、スピード感があるように見えて、トータルで見ると時間のロスが大きくなることは、忘れないようにしてください。

SCENE 4

「答えの質」を高めたいとき

○ 答えを繰り返し修正して完成度を高めていく

× 一度で満足のいく答えを出す気で考え抜く

## 仕事を抱え込む人の典型的なパターン

皆さんの周りにも、一人で仕事を抱えて迷惑をかけている人はいませんか？　手分けして取り組んだほうが早く終わるのに、「自分しかできないから」という理由で他の人に割り振ろうとしない。締め切りを大幅に過ぎてからようやくまとめたものを出してくるが、思ったようなものになっていなくて、もう一度最初からやり直し……。

仕事を抱え込む理由はいろいろありますが、大きな理由の一つとして、「納得のいく答えが出ないうちは提出できない」と本人が思い込んでいる場合があります。一見責任感のあるスタンスのように見えるかもしれませんが、一緒に取り組んでいる人からすると、進行が遅れたうえに、アウトプットも思ったようなものではなかったら、これほど迷惑なことはありません。「どうせだったら、一緒にやって完成度を上げていこうよ」というのが周囲の正直な気持ちでしょう。

実際、この発想が大事になります。企画の内容でも資料でも、一人で抱え込んでいてはなかなか完成度は上がりません。それはなぜか。**自分の思い込みや考える枠にとらわれている**からです。

言い換えれば「ドツボにはまっている」のです。思い込みにとらわれている状況で、完成度が上がるはずはありません。

このような場合は、見方を変えて取り組むことが必要です。見方を変えるのに手っ取り早いのが、周囲の人からの視点や助言です。なので、完成度が高いかどうかには目をつぶって、**ある程度のものができたら周囲と共有して、完成度を上げるスピードを速めていきたいものです。**

## 寝かせる時間を確保する

ドツボにはまっている状況から脱出する、もう一つのやり方があります。それは**「少し寝かせる」**ことです。皆さんも、「完璧だ」と思って仕上げた資料を数日後に見直してみると、直したくなる部分がいろいろ見えてくることがあるでしょう。これは、ある程度時間が経って冷静になると、思い込みにとらわれず、見方を変えることができるからです。これを「寝かせる」とよく言います。周囲の力を借りなくても、作ったものをいったん寝かせることで、急激に完成度が上がっていきます。

ならば、この**「寝かせる」ことを習慣化させることができれば、一人でも完成度を上げることができるようになります。**

しかし、ここで悩ましいのが「数日置く」ことで生まれるロスです。ただでさえ締め切りギリギリにならないとまとめられない人が、さらに数日置いたら締め切りに間に合わないのは確実です。

こうならないようにするためには、発想を逆転させなければなりません。まず**完成までに「寝かせる」ための時間を組み込み、それまでに完成度は少し目をつぶって仕上げてしまう**のです。

仕事を寝かせて完成度を高める方法

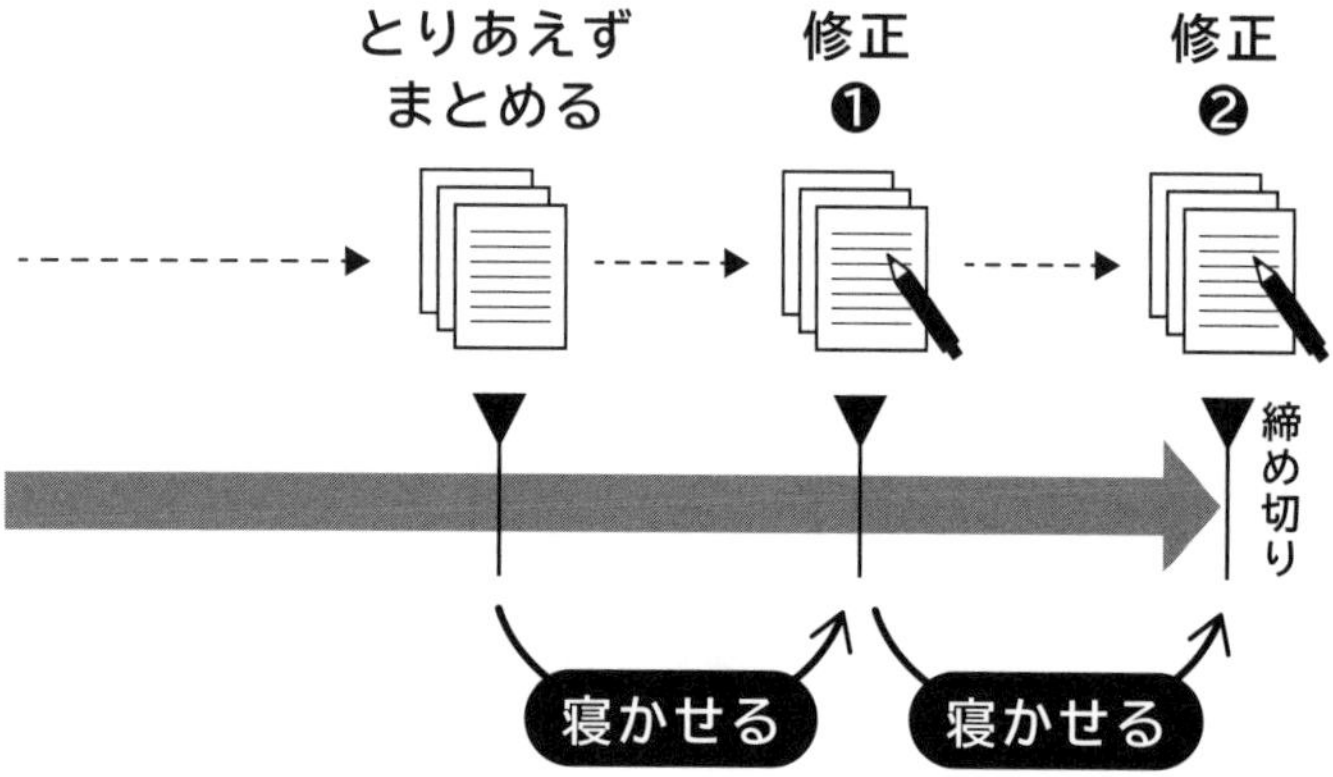


2週間後までにまとめなければならない企画があったとします。前日までじっくり企画を練るのではなく、2日間寝かせることを二度繰り返したい場合には、完成度は別にして、締め切りの1週間前までにひとまず完成版の企画をまとめてしまいます。そして2日寝かせて見直し修正する。これを二度繰り返します。このパターンのほうが、結果的には一発勝負でじっくり練るパターンより完成度は上がるはずです。

寝かせることをあらかじめ組み込んでおくやり方は、完成度の向上以外にもメリットがあります。上司に「途中経過を知りたい」と言われたとき、完成度は別にしても確認してもらうことが可能になります。そこで有益なアドバイスをもらうことができるかもしれません。熟考パターンで進めていては、上司も途中でアドバイスのしようがありません。

こうしたことができるようになるには、不完全でもいったん手放すことができるかどうかです。

ただ、ここで気をつけたいことがあります。完成度が高くなくてもいいからといって、ろくに考えもせずに提出して周囲に直してもらおうとするのは、無責任です。限られた時間の中でベストを尽くす。ただ、完成度はまだまだ上げられそうだ――。このように心がけることが必要不可欠ですので、ご注意を。

SCENE 5
提案の理由を聞かれたとき

# ○ 納得できる理由をきちんと説明する
# × 「なんとなく」という言葉で切り抜ける

## アイデアの多くは「理由」で評価される

頼まれた企画のアイデアを上司に提案したとします。上司は何をもとに判断するでしょうか？

「そりゃ、提案の中身でしょう」と思っているあなた。それは少し甘いです。実は提案だけ見て、「やってみよう」と即決することなどはそうありません。誰が見ても「これはすごい！」と感じるようなアイデアもまれにあるかもしれませんが、滅多にないと思って間違いありません。

では、何をもとにアイデアを採用するかどうか判断するか。それは「そのアイデアがいいという理由」です。つまり、**理由が真っ当であれば採用される可能性は高まりますし、理由をパッと説明できなければ残念ながらアイデアはお蔵入りになる**でしょう。企画を本当に通したいなら、アイデアだけ頑張って考えればいいわけではないのです。しっかりとその理由を説明することが大切です。

## 「理由＝相手の知りたいこと」に答える

では、どんな理由を説明することが求められるのでしょうか？

この答えに進む前に、少し見方を変えてみましょう。上司は、どんなことを言われれば企画を採用しようと思うでしょうか？　上司からすれば、「これがわかれば判断がつく」という事柄です。つまり、**「相手が判断するために知っておきたいこと」をきちんと説明できればいい**のです。言い換えると、これが説明しなければならない「理由」です。

私たちは理由を説明するとき、自分の言っていることがいかに正しいかを示そうとします。もちろん、こうした観点からの理由の説明も必要ですが、相手はその理由だけ聞いて納得し、行動に移そうとするでしょうか？

もし行動に移さないようなら、いろいろ理由を挙げても、それは独りよがりなものになっている可能性があります。


また、理由のように見えるけれど理由になっていないものも、世の中には結構あります。次のようなものです。

## ①単なる言い換え

意外と多いのが、企画内容を別の言葉に言い換えたようなものです。「若い女性がターゲット」の企画で、その理由として「この企画は20代女性のニーズを満たす内容だからです」と説明するようなものです。

もちろん、上司が企画内容をきちんと理解できていない場合であれば、上司がする質問は、「理由を聞きたい」ためでなく、「なぜ若い女性をターゲットとするのがいいのか」「なぜこの企画が若い女性をターゲットとしているといえるのか」などを知りたいためであるはずですから、こうした言い換えるような説明は欠かせません。しかし、企画した理由を聞かれている場面では、その言い換えや内容の説明ばかりしていても無駄ということになります。

## ②事実やデータの説明

前（14ページ）にも説明した通り、企画のアイデアなどを考える場合は事実をベースとすべきですし、理由は事実が土台になっていなければなりません。しかし、単に事実だけ説明されたら、聞いている上司はどんな風に感じるでしょうか？　例えば、朝活サポートサービスの企画を進めたい理由として、「この地域で朝活を始めた人が○百人います」と言われた場合、どうでしょうか？

一言で言えば、「で、何が言いたいの？」、言い換えれば「So What?」という疑問が生まれるはずです。その答えまで相手に考えさせるのは不親切です。何より、相手はなぜわざわざそんなことを自分で考えなければならないのかと感じるはずです。

この例で言えば、「この地域で今提案した朝活サポートサービスのターゲットは十分います」という理由を、事実やデータの羅列だけでなく、きちんと説明しなければなりません。

### ③間接的に連想させる説明

どうして回りくどい説明になるかを確認してみると、遠巻きに結論に近づいていくような形となっているケースがよく見られます。「もうちょっとダイレクトに言ってもいいんじゃないの？」と感じるような場合です。いろいろ気を遣っているのかもしれませんが、その結果わかりにくくなってしまっては元も子もありません。

ここで挙げた①～③のようなものになっていなければ、自分が出した企画のアイデアについての理由としては真っ当だといえそうです。

ただし、それでも不安な場合、**理由と企画の2つを「から」でつなげて声に出して話してみてください**。「○億円のコスト削減につながるから、この製品を導入すべきです」「残業時間の抑制が期待できるから、始業時間を30分早めましょう」。このように、言いたいことその理由とが違和感なくつながるようになっていれば、理由として大きな問題はないはずです。

SCENE 6

目標を立てるとき

○ 合格ラインとしての目標を立て
仕事をデザインする

× 他の人から押し付けられた目標で仕事をこなす

## 目標＝その仕事の合格ライン

年度の初めとか新しい仕事に取り組むことになったとき、「まずは目標を立てる」という人は多いでしょう。このとき、どんな心持ちで目標を設定しますか？

よく見られるのが、「目標を立てろと言われたので仕方なく考えてみた」「職場で決まっていた目標を押し付けられた」という受け身の姿勢での目標設定です。もちろんそういった目標でも仕事は回ります。もっといえば、目標を立てなくても仕事を進めることはできます。

しかし、こういった姿勢で仕事に取り組むと、「与えられた仕事をこなす」だけになりかねません。そうではなく、**目標は主体的に立てるべきですし、主体的に設定した目標があるからこそ、前向きにその仕事に取り組むことができるようになる**のです。

ここで、「目標」とはそもそも何かを確認しておきましょう。

**目標を一言で言ってしまえば、「その仕事で達成しなければならない合格ライン」のことです。**目標を達成すればその仕事は合格ですし、目標を達成しなければ不合格です。目標を仕方なく立てたり、職場の目標をそのまま書き写すというのは、合格したかどうかを他人任せにしているのと同じことです。

そして、「合格ライン」なのですから、白黒がはっきりすることが大事です。「合格なようで不合格なようでもあり、どちらともいえる」といったような曖昧な目標は役に立ちません。

「仕事に全力で取り組む」という目標の場合、どうなるでしょう? 「全力を出し切ったので目標を達成した」と思う人が出る一方で、まだまだ出し切っていないと感じる人にとっては、「目標達成していない」と感じるでしょう。こうなってしまうと、目標を達成したのかどうかを客観的に判断することはできなくなります。それでは、合格ラインとして使えない、言い換えればダメな目標です。

## 主体的に目標を設定するための「SMART」

ここで、主体的に目標を設定するためのコツについて見ておきましょう。目標を設定する場合は、「SMART」という言葉がよく使われます。これは単にスマートな目標にしましょうという意味ではなく、S・M・A・R・Tを頭文字とする5つの項目に注意すると適切な目標を設定できるということです。それぞれ何を意味するのか紹介します。

### ①〔S〕Specific（特定の）

設定する目標の対象を絞り込みます。「今後3年間の目標は……」といったように、目標の単位が大ざっぱな場合、ある部分は達成したけれども別のことは達成できていないなど、その目標を達成できたかどうか判断できなくなります。目標は「3カ月」など、かなり絞り込んだ単位で設定していくことが大事です。そうすると、その期間内での具体的な目標が大量にできてしまいますが、その中でどこに優先順位を置くのかを考えることも、自分の業務をマネジメントするという点では重要です。

## ②〔M〕Measurable（測定可能な）

先に述べた「合格ライン」にするために最も簡単なのは、目標を数値化することです。数値化すれば、目標の数値をクリアできているかどうかで、目標達成かどうかはっきりするからです。

また、数値化することで、どの程度の目標を設定しているか、他の人とイメージを合わせやすくなります。そうすると、周囲と話が食い違うということがなくなります。

もちろんすべての業務を数値化することができるわけではありません。その場合でも、極力達成したかどうかがはっきり判断できる内容の目標にする必要があります。

## ③〔A〕Achievable（挑戦的な）

目標は、確実に達成できるレベルに設定すればいいわけではありません。成長し、持てる力を最大限発揮して、自分が出せる最高のパフォーマンスを上げるためのもののです。

その点から考えると、目標は簡単すぎても難しすぎても自分の成長につながりません。簡単に達成できる目標では努力する必要がありませんし、逆に達成がほとんど不可能な目標を立ててしまっても努力する意欲が湧きません。現在の自分の実力より少し背伸びしたレベルの目標を設定しておけば、もう少し頑張ろうという意欲を持ち続けて業務に取り組むことができます。

### ④〔R〕Related（関係した）

いくら挑戦的で数値化された目標を設定しても、自分の仕事とあまり関係のないことに関する目標では、自分にとっても、さらにいえば組織にとっても意味がありません。かえって的外れの取り組みに重点を置いてしまう恐れもあります。そこで、設定した目標は自分が与えられた役割に関係のあるものか、自分が果たすべきことに直接関係しているかを確認することが重要です。

「目標は数値化が大事」という言葉が一人歩きして、数値化しやすいだけの理由で、自分の果たすべき役割や自分の仕事の目的と無関係な目標を立ててしまうことがよくあります。自分の業務の目的に関係しているかを確認することが必要です。

### ⑤〔T〕Time Bounded（明確に期限が設定されている）

ビジネスでは時間感覚が大事です。当然目標も期限が設定されていなければなりません。期限がなければ達成できることはいくらでもあります。期限内で達成しなければならないから、目標は挑戦的になるのです。

## 目標はシンプルなものに

以上を実践すると、目標は最終的にはシンプルなものになります。例えば、「今期中に10件の新規顧客を獲得する」「3カ月間で職場の経費を前年比15％削減する」「今期自分が主催する会議の平均時間を60分以内にする」などのようなものです。**見た目はシンプルですが、この数値の背後にはこれまで述べたような観点から、合格ラインとして適切かどうかを真剣に考えた跡が残っているはずです。**

今の自分にできることか、あまりにも簡単なものになっていないか、自分の成長に役立つか、組織の目指す方向性に沿っているか、などなど。最終的にシンプルな数値に落とし込むまでに、これらのことを考え、悩むからこそ、実際に仕事に取り組み始めたときには迷いがなくなるのです。

SCENE 7

取り組んだ仕事がひと段落したとき

# ○ 仕事の取り組みを振り返る

× すぐに別の仕事に着手する

## 振り返りをするまでが仕事

これまで一所懸命取り組んでいた仕事がようやく終わったら、どうしますか？　もちろん、そこで一息つくことは構いませんが、問題はその後です。

よくあるのが、せき立てられるように「さあ、次の仕事に取り組むぞ。ずっと先送りしていた企画案をまとめないと……」と、すぐに別の仕事に着手してしまうパターンです。もちろん、いつまでも達成感や余韻に浸っている暇はないでしょうが、ぜひやっておきたいのが「振り返り」、つまり、よく言われる仕事のマネジメントサイクル「ＰＤＣＡ」（Ｐｌａｎ＝計画、Ｄｏ＝実行、Ｃｈｅｃｋ＝評価、Ａｃｔｉｏｎ＝改善）のＣの部分です。

**自分の取り組んだことを振り返ることで、うまくいった部分や次に向けた改善点をはっきりさせることができます。**こうした振り返りが、その後の仕事の質を高めるのです。やりっぱなしにしてすぐに別の仕事に取り組んでしまっては、仕事の質は高まりません。

登山も頂上まで登れば終わりではありません。無事下山してようやく登山が終わったことになります。直接その仕事の成果に結びつくわけではありませんが、振り返りをするまでが仕事と思って、しっかりと振り返りをしましょう。

## 振り返りをする際の視点

振り返りの際に欠かせないのが、**自分がどのようにその仕事に取り組んだのか、という取り組みのプロセスの確認です。**結果を確認するだけだと、何がうまくいったポイントなのかがわからないままになってしまいます。それでは、次の仕事に生かすこ

PDCAサイクルをまわす

仕事がひと段落したら、振り返り（評価）をして改善につなげる！

とができません。

企画書を作成する仕事を振り返る場合、その企画が通ったのかどうかだけのような視点で振り返るのではなく、どのような流れを経て企画書が完成したのかを振り返ってみましょう。例えば、どのようにして企画の元となるアイデアを思いついたのでしょうか？　そのやり方は別のアイデア発想の場面でも使えるかもしれません。また、別の人に協力してもらったりしませんでしたか？　そのときスムーズに協力してもらえたか、期待通りに協力してくれたかなども振り返っておくと、どのようなタイミングでどのような頼み方をすればいいかの参考になります。


仕事の経験を通じて自分が成長し、学んでいくという考え方があります。こういう考え方では、とにかく経験を積むことに目が向きがちですが、やみくもに経験を積むだけでは効率的に成長することはできません。しっかり経験を振り返り、改善すべき点を見つけ、次のときにその点に注意するなどの行動をとることが欠かせません。

一つの仕事が終わったら、ぜひ自分の取り組み方を振り返り、改善できる部分はないか思い返してみてください。その一手間が仕事の質を上げ、成長につながるはずです。

SCENE 8

物事を検討するとき

○ さまざまな立場から見方を変えて検討する

× これまでの自分の見方にこだわる

## 視座・視野・視点を変える

「頭が固いなぁ」そんな風に周囲の人から言われたことはありませんか？ 恥ずかしながら、私も新入社員の頃には先輩から散々言われました。自分では頭を柔らかくしているつもりなのですが、下手なミスをしないようにという気持ちが先走って、見方が固まっていたのでしょう。経験の浅いときにはどうしてもなりがちなことです。

もちろん「新人だから頭が固いのは仕方ない」と開き直るのではなく、柔軟に物事を捉えることができるように工夫してみることは大切です。ただ、無理に柔軟に考えようとすればするほど、同じような見方しかできなくなるというのも事実です。

そこで、**半ば強引に見方を変えるようにしてみましょう**。キーワードは**「視座」「視野」「視点」**です。

見方は大きく、その高さ、広さ、角度を変えることで大きく変えることができます。見方の高さを「視座」、広さを「視野」、角度を「視点」と呼びます。それぞれについて見ていきましょう。

## ①視座を高める

例えば、現場で働く人と経営者では、同じ状況も違って見えるはずです。このような目線の高さの違いを「視座」と呼びます。

自分の部署に社員が1名増員されたという事実があったとします。この事実はどう捉えることができるでしょうか？　視座の高い経営的な目で見れば、その部署への投資と捉えることができます。つまり、「しっかりやってもらおう」という期待の現れと見ることができます。

一方、その部署のリーダーの目で見れば、戦力が増強されたという捉え方ができます。「いろいろと自分の手がけたいことができそうだ」と感じるかもしれません。

さらに、部署のメンバーから見れば仕事を分担する相手が増えたことになるので、「大変な状況も少しは解消されるかな」と一安心するでしょう。

このように、**同じ事実でも、役割によって捉え方は変わってきます**。一介の部署メンバーがあえて経営者の立場に立つ必要などないと思われるかもしれませんが、経営者の視座を持つことができれば、単に「仕事が少し楽になりそう」と安心するだけでなく、「投資された分、ここで成果をしっかり出さないとまずいな」という気持ちも生まれてきます。

## ②視野を広める

２つ目は、状況を見る範囲（視野）をどのようにとるかということです。

視野には、空間軸と時間軸があります。空間軸での視野は、文字通りより広く対象を捉えるという意味です。例えば、昨年の実績と大きな変化がないという営業所があった場合、確かにその営業所だけを見れば「変化なし」ですが、視野を広げて近隣の営業所の成績が軒並み好調だとすると、この営業所は「成長に追いついていない」

という見方に変わります。

**空間軸での視野が狭い人は、どうしても独りよがりな行動や発想をしがちです。**自分の部署さえ良ければいい、果ては自分さえ良ければいい、と考えてしまいます。もちろん、究極的には自分だけが良ければいいのかもしれませんが、長い目で見ればあまりいい結果にはなりません。少し視野を広げて考えてみることも大切です。

さて、「長い目で見れば」と前の文章で書きましたが、これが時間軸での視野の話です。今この瞬間だけ良ければいい、という刹那的な発想をする人は少ないかもしれませんが、今月の目標さえクリアすればいいという発想をするか、年間目標を達成しようという発想をするか、果ては10年後を見据えるか、で自ずととるべき行動は変わってきます。

新しいプロジェクトのメンバーを社内で募集しているという話を聞いたとき、今月や今年といった時間軸で発想すると、「今やっている仕事の年間目標達成のために割ける時間が減るからやめようかな」となるかもしれません。一方、長期的な視野を持っていると、「確かに自分の年間目標を達成するために大変になるかもしれないが、この経験は将来生きそうだ」となって、「では、やってみよう」と思うかもしれません。

## 見方を変える

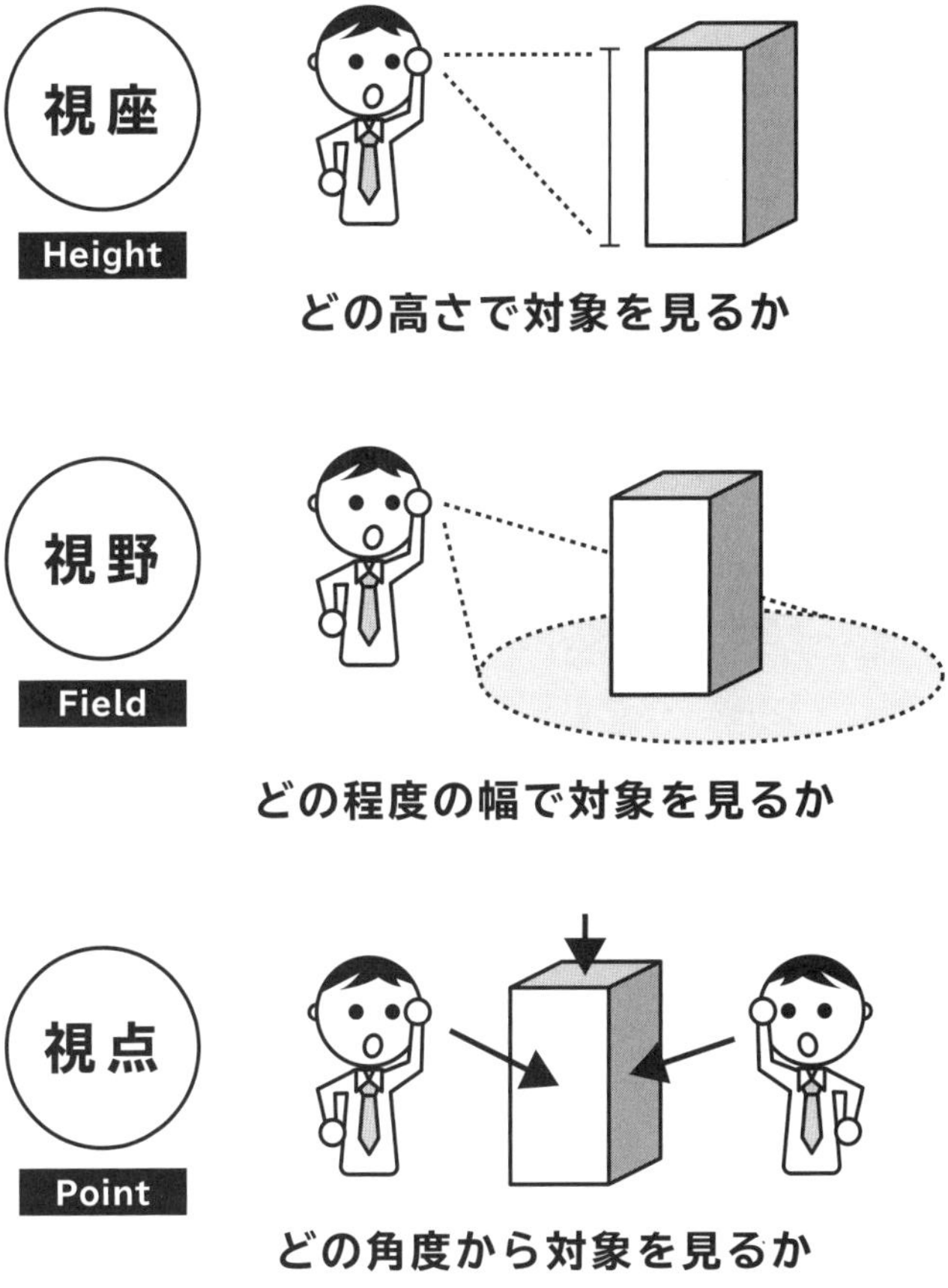
視座
Height
どの高さで対象を見るか
視野
Field
どの程度の幅で対象を見るか
視点
Point
どの角度から対象を見るか

### ③視点を変える

3つ目の「視点」は、物事を見る角度のようなものです。将棋の対局で、相手が中座しているときに、相手側に立って盤面を眺めるプロ棋士がいます（先後同型でも相手側から見るという、謎の行動をとる棋士もいるようですが……）。これは、自分の側からは有利に見えるような局面でも、相手の側から見ても同じに見えるかをチェックしている、つまり視点を変えて検討しているのです。

例えば、仕事に慣れて、半年前と比べたら残業時間が減ったという事実はどのように捉えることができるでしょうか。自分の使える時間という視点では「自由に使える時間が増えた」と前向きに捉えることができるでしょう。一方、収入という視点からは「残業代が減って自由に使えるお金が少なくなった」となります。自分自身の能力という視点では「スキルが上がった」「成長した」という捉え方ができます。このように、**一つの事実もいろいろな角度で見直すことで、さまざまな評価をすることができます。**

## 見方を変えるのは「立場」を変えて考えること

ここまでお読みになって、気づいたことはありませんか？

そう、**見方を変えるというのは、見る人の立場をいろいろ入れ替えてみるのと一緒**なのです。視座を高めるというのは、メンバーではなく課長や経営者の立場に立ってみること。長期的な視野で見てみるというのは、数年後の自分という立場に立つということです。相手側の視点から見るのは、文字通り相手の立場に立って考えてみることに他なりません。

「相手の立場に立って考えよう」という言葉はよく聞きますが、面と向かう相手だけでなく、さまざまな「相手」のバリエーションを持つことができると、それだけ発想は幅広くなります。

発想が固まったと思ったら、まず関係しそうな人、場合によっては直接は関係なさそうな人からも、どう見えるかを思い浮かべてみましょう。

# 第2章

# 情報を「集める」ときにやっておきたい思考整理

今は情報過多の時代です。さらに悪いことに、フェイクな情報まで氾濫するようになりました。情報とのつき合い方が仕事の成果に直結する時代ともいえます。情報を手当たり次第に集めるのではなく、思考を整理したうえで情報と対峙することがカギとなります。

# ○ 情報の違いや特徴を踏まえて整理している

SCENE 1 情報を集める前に

# × どの情報も平等に取り扱う

一口に「情報」といっても、いろいろな種類のデータがあり、集め方もさまざまです。**自分の欲しいデータがどのような種類のものか、どうやって集めるのかがわかっていると、情報収集や活用に無駄がなくなります。**逆にいえば、データの種類についてよくわかっていないと、無駄な情報収集をしてしまったり、偏ったデータに基づいた見方をしてしまう恐れが出てきます。

ここで「なんでもいいからとにかく検索して、出てきたものを片っ端から集めよう」

とすると、似たようなデータがただ違う形で示されているだけの場合もあったりして混乱するだけです。

情報の整理（分類）の仕方はいろいろありますが、ここではビジネスで特に重要になる2つの整理の仕方を紹介します。

## ①「一次情報」と「二次情報」による整理

### ●一次情報

一次情報は、直接観察した結果や人の生の声など、加工されていない情報を指します。その意味で、一次情報は〝リアルな〟情報ということもできます。よく取材や調査などで、「生の情報に当たれ」という言葉を耳にしますが、これは一次情報を入手することに他なりません。ただし、生の情報を持っている人はすぐに見つかるわけではないですし、見つかったとしても情報を簡単に教えてくれるとは限らないなど、入手の難易度は高めです。

一次情報は別の人による加工はされていないので、「本当に言いたいこととは違う」とか「一部だけ切り取られた」というようなことはありません。ただ、見方を変えれば、活用するためには自分で加工しなければなりません。また、直接話を聞いたにもかかわらず、話した人が又聞き状態だったりすると、結局二次情報と変わらない鮮度の情報だった、という事態も起こりがちです。一次情報を活用する場合は、こうした点にも気をつけなければなりません。

## ●二次情報

二次情報は、他の人によって加工された情報です。二次情報の典型的な例は新聞などの報道記事です。どんなに淡々と情報を伝えているように見えても、そこには不要と思えるものを削除するなどの加工がされています。

こうした二次情報のメリットは、情報としての入手のしやすさです。多くの二次情報は公開されていることが多いため、簡単に手に入れることが可能です。また、ある程度わかりやすく加工されているので、一次情報と比べれば理解するのも簡単です。半面、加工した人の意図や見方に偏りがあることには気をつけなければなりません。いかに客観的な数値をもとにした情報でも、その数値の加工の仕方になんらかのバイアスが入っていると、誤った捉え方をしてしまう恐れがあります。

入手した情報が一次情報なのか二次情報なのかに気をつけておくと、情報をより適切に扱えるようになります。ただ、両者の区別が最近はつきにくくなっています。例えば、ネットの検索で得た情報も、一見して一次情報なのか二次情報なのかがわかりにくいものが増えています。

誰かのコメントを一次情報だと思っていたら、別の人のコメントをそのままコピーしただけだったということもあります。こうした点は思わぬ情報の読み違えにつながる恐れがあるので、注意しましょう。

## ②「定量的な情報」と「定性的な情報」による整理

### ●定量的な情報

ビジネスシーンにおける情報の多くは、統計データや企業の財務数値はもとより、お店のレジで記録されるPOSデータ、従業員や顧客の声を調べるためのアンケート調査などといった形で定量化（数値化）されています。

こうした定量情報は、大量の情報をコンパクトな形でまとめている点、そして数値という目に見えやすい形で表現していることから、全体的な傾向を捉えたり、客観的な比較をしたりするときに有効です。

### ●定性的な情報

定性情報は、数値化されておらず、主に文章で構成されたものです。具体的には、インタビューのコメントや観察結果、雑誌の記事などが挙げられます。

定性情報の特徴として、「リアリティ」があることを挙げることができます。例えば、実際に顧客がどのような場面で商品を買おうと決定するのか、そのときの周囲の状況や顧客の心情はどうなっているのかといったようなことは、定性的な情報でしか捉えることはできません。

こうしたことから、定性情報は非常に高いメッセージ性を持っています。特に「生の声」は、言葉遣いや口調など、そこに込められた感情や表現の仕方により、受け手に対して強いメッセージを与えます。半面、データとしてはある特定場面での話になるので、どうしても偏りがあることは否めません。統計データのように、データを見れば全体の傾向がわかるわけではないのです。

## 自分が欲しいのはどんな種類のデータか？

これまでのことを踏まえて、情報を活用する際の一般的なアプローチをまとめておきましょう。情報を収集する際には、一次情報が欲しいのか二次情報でいいのかをま

## 定量データと定性データ

### 定量データ

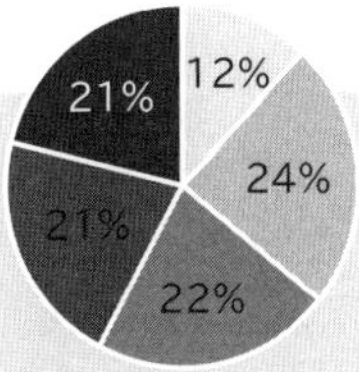


・数値化されたデータ
・統計データやPOSデータなど
・大量の情報がコンパクトに集約されている
・全体的な傾向の把握や客観的な比較が可能
・リアリティに欠ける

### 定性データ

・主に文字で構成されたデータ
・インタビューのコメントや観察結果など
・メッセージ性が強い
・リアリティがある
・傾向を捉えにくい
・客観性に欠ける

ず考えます。

例えば新商品のマーケティングをする際、お客様の実態を知るためには、「30代男性の○%は○○が好き」といった公開情報でもある程度の傾向はわかりますが、どうしても欲しいものがなかったりどうでもいい情報が含まれています。

これは、自分の体と洋服の関係のようなものです。体にピッタリ合った服が欲しければカスタムメイドしなければならないのと同じように、顧客の声をより詳しく知りたければ、新商品のターゲットに直接ヒアリングしなければなりません。なので、**最初は二次情報にあたり、しっくりこない場合は一次情報の入手を目指すような流れが自然**です。

また、定量的な情報と定性的な情報もどちらが必要なのか、入手できるのかをはっきりさせておく必要があります。どちらも入手できそうな場合は、**定量的な情報を入手してざっくりと傾向を捉え、具体的に知りたい部分は定性的な情報でカバーする**というやり方がいいでしょう。

SCENE 2

活用できそうな情報の集め方

# ○ 幅広い分野の情報に対するアンテナを張っている

# × すぐに使えそうな情報だけウォッチする

情報を活用する力は情報の検索スキル以上に、普段からの心がけや習慣が大きな影響を及ぼします。心がけや習慣の違いが、同じ情報に接してもうまく活用できるかどうかに大きな差を作るからです。情報を活用する際の心がけはシンプルなものです。幅広い分野に目を向ける。これだけです。言い換えれば、**いろいろな分野やテーマに関心のアンテナが立っていて、何か面白そうな動きやニュースがあったら敏感にキャッチできる。**こうなっていれば、情報活用の幅が広がります。

「選択と集中が大事だから、自分の仕事に関係ない分野の情報を気にする必要はない」「ただでさえ情報は氾濫しているのに、いろいろな分野の情報を集める暇などない」と考え、自分の仕事に関係する情報や関心のある分野の情報だけに絞り込んで収集しようとする人もいます。しかし、それでは、世の中の動きから取り残されることになりかねません。また、長い目で見れば、自分の可能性を閉ざしているようなものです。新しい道に踏み出そうとしても、その分野にほとんど触れていなければゼロからのスタートとなってしまうからです。

さまざまな分野の情報に対する感度を高めるためには、次に挙げるようなポイントを実践してみるのが効果的です。

## 好奇心を持つ

幅広い分野に目を向ける原動力は、好奇心です。言い換えれば何事にも面白がる姿勢を持つことです。社会人は学生とは違い、テストで高得点を取る必要はないのですから、「勉強しなければならない」「覚えなければならない」などと自分にプレッシャーをかけることはせず、面白そうなものはないかと探すようなスタンスで情報を集めましょう。

**好奇心の原点は「面白がる」姿勢です。**同じ情報を聞いても、「へぇ」で終わってしまう人と「なんか面白そうだね」「それってどういうことだろう？」という反応をする人がいます。

「へぇ」で終わってしまう人の場合、その情報は素通りしてしまいますが、「面白そう」「どういうこと？」と感じる人は、もっと掘り下げて調べてみたり、他にも関連する情報を探すなどのアクションをとるでしょう。面白がることで、アンテナの立つ分野が広がっていきます。

**面白がることができるかどうかは、自分の姿勢と、自分の持っている知識とを紐づけられるかどうかによって決まってきます。**

「面倒臭い」「難しそう」「自分に関係ない」というような、情報に対するネガティブな感覚を持たなくすることで、前向きなアンテナを立てることができます。また、いくら面白がろうとしても、全く仕事に関係のないことや関心のないものに興味を持つのは難しいものです。そこで、例えば、飲料の営業をしている人が、容器の素材として使用しているアルミやポリエステルについて興味を持ち、そこからゴミなどの環境問題に関心を広げるなど、仕事や関心のある領域と紐づけることが大切になってきます。

## 定点観測する

いろいろな分野の情報に触れることの大切さを述べてきましたが、実践するのはなかなか難しいのが現実です。そもそも「分野」と一言でまとめていますが、簡単に数多くの分野をカバーできるものではありません。

そこでお勧めしたいのが、**いくつかウォッチする分野やテーマを決めて、その分野やテーマについて定点観測してみる**ことです。週1回とか2週間に1回程度の頻度でいいので、必ず同じジャンルの情報を確認してみる。統計数値のチェックでもいいですし、新聞や雑誌の同じコーナーの記事でも構いません。そうすることで、継続的に同じ分野の情報に触れることができます。

ウォッチする分野やテーマは、自分の興味のあるものだけでなく、あまり得意ではない分野やテーマも対象に入れておきましょう。私もそうですが、いわゆる文系的な人間からすると科学技術の分野は苦手意識が働いたりするものです。だからこそあえて、苦手なものの、自分の仕事や関心と少しでも関係のありそうなテーマ、例えば「医療」とか「環境」といったテーマに関して、週に1回程度更新される入門的な記事に必ず目を通すようにするのです。

最初はそもそも内容がわからないこともあるでしょう。そこを我慢して一定期間、同じ分野の記事を見続けていると、自然とその内容になじんで、おぼろげながらも理解できる範囲が広がっていきます。

定点観測する分野やテーマは、年に1回程度見直します。定点観測を1年続ければ、ある程度その分野についての「土地勘」のようなものができますから、1年後に定点観測をやめてもすぐに全部忘れてしまうわけではありません。もちろん、1年後でもまだ興味があれば定点観測を続ければいいですし、「やっぱり、つまらない」「自分には合わない」と感じたら別のテーマ、例えば「宇宙」などにチャレンジしてみましょう。こうすることで、あなたのアンテナを少しずつでも広げることができるようになります。

土地勘ができれば、定点観測しなくても気になる情報があれば自然と目に飛び込んでくるようになります。こうなれば、しめたもの。あなたに新しいアンテナが立ったことになります。

なお、定点観測する場合のテーマの選び方には注意しましょう。例えば、「プログラミング」「ブロックチェーン」「IoT」というようなテーマを選んだらどうでしょう？　これでは、デジタル関連のテーマに偏りすぎです。例えば、先ほど挙げた科学技術的なものの他にも、株価や業界動向などのビジネス関連、政治・経済・社会などの社会科学、米国や中国など各地域で起こっていること、さらにはアートや思想などの人文科学にも対象を広げて、その中から選んでみるといいでしょう。

## 自分の知識や経験と関連づける

幅広い情報に触れるといっても、いくつかのテーマにアンテナを立てるだけでは、「点」の状態です。そこでやっておきたいのが、一見関連なさそうな情報を関連づけることです。

**点を線にするようなイメージで情報を有機的に結びつけていくと、他の情報に対する感度も高くなります。**そのとき、自分の持つ知識や経験とリンクさせることができれば、その情報の持つ意義や重要性をより一層、実感することができます。何より、関心を持つことができます。自分の知識や経験は、必ずしも仕事に関するものでなくても構いません。これまでの人生で得た知識や経験したことと関連づけてみます。

ここで「関連づける」というのは、受験勉強で暗記するときにやった語呂合わせや連想記憶とは全く違うものです。自分でつながりを実感しながら両者を結びつけていくことです。そのとき、自分の持つ知識や経験をできるだけ具体化していくと、関連づけもしやすくなります。

例えば、ここ数年空き家が増加しています。この情報に接したときも、身の回りで空室になった物件はないかとか、逆に新築のマンションが自宅の付近に建設されていないかを思い浮かべてみると、住宅事情への感度が高まっていきます。

最後に。人が情報の取捨選択をするのは意識的に行っているというより、無意識のうちに勝手に情報のフィルタリングをしているものです。そのため、**ある程度意識しなければ情報の感度を高めることはできません**。好奇心を持って意図的に定点観測を行い、自分の知識や経験と関連づける。こうしたことを繰り返し実践することが、情報に対する感度を高めるのに欠かせません。

SCENE 3 自分のレベルに合った情報の探し方

# ○ 情報源の違いを意識して探す

× 検索して最初に出てきた資料にこだわる

## 身の丈に合った情報と付き合う

調べ物をするためにネットで検索をした。検索結果がいろいろ出てきたが、最初に開いたサイトが専門的な内容で一読しても何を説明しているのかわからない——。こんなケースはよくありますが、いつまでもそのサイトを理解するよう頑張るのはあまり賢いやり方ではありません。無理をせず、もっと簡単な、初心者でもわかるような説明をしているサイトでまずは理解を深めるようにしましょう。

**要は身の丈に合った情報と付き合うのが、情報活用の原則の一つです。**理解できない情報にいつまでもこだわったり、逆にすでにわかりきった内容の情報ばかり集めるのは、有効な情報活用をしているとはいえません。

となると、**大事なのは自分に合ったレベルの情報を探せるようになること**です。冒頭で紹介した例の場合なら、入門的な情報のありかを押さえておかなければなりません。例えば、初めて耳にするような専門的な製品についての入門的な情報を知りたければ、その製品を扱っている企業の採用サイトを見てみるというやり方があります。採用サイトは就職活動をしている学生にわかるレベルで説明しているので、大抵の内容は理解できるからです。

このように、**どこに行けばどんな情報が入手できるか、ということに関する引き出しを持っておく**ことが重要なのです。調べ物をするときの状況は千差万別なので、個別具体的に「この情報はここにある」というリストを持っていてもあまり役に立ちません。ならば、大枠でどこにどんな情報があるかについて、探すための指針を持っておけばいいのです。

## 情報源の性格の違い

その意味で、入手できる情報源の性格の違いを理解しておく必要があります。情報の種類別に次の3種類に分けて、その特徴を整理してみましょう。

### ①報道されたもの

ニュースなどの形で報道されたものを指します。テレビのニュースや新聞の記事などがその代表です。企業などが出すプレスリリースもこの中に入ります。この種の情報は、情報としての鮮度と正確さが重要になってきます。

### ②執筆されたもの

これは、著者が自分の考えや見てきたことをまとめ直したものを指します。書籍や雑誌の記事などがその典型です。新聞やテレビのニュースでも、特集として扱われているものは、この執筆されたものに入ります。このように、ニュースもすべて速報性のあるものばかりではない点に注意が必要です。

この種の情報は、「いかにアイデアや情報を整理して、わかりやすく発信するか」

という、執筆者の視点の独自性や編集の手腕が重要になってきます。

### ③調査されたもの

一次情報として入手しようとしているような情報の調査を、公的・民間の機関が行っているものです。総務省がとっている各種統計や、民間機関が行っている調査などが該当します。

これらの調査は当然ながら、世の中のニーズの大きそうな内容が中心になります。そのため、自分の知りたい情報とぴったり合致するなら、労力をかけずに一次情報に近い情報を入手することができます。この種の情報は、調査の手法（対象者や期間、質問の仕方）に信頼が置けるものかどうかが重要になってきます。

## 情報源の違いを意識した付き合い方

こうした**情報源の違いを理解しておけば、どの情報に当たればいいかということを比較的想定しやすくなります。**前述のように、あまり土地勘のない分野の情報を調べる場合、いきなり専門的な内容の情報に当たるのではなく、入門的な情報から入ることが大切です。

それらは、①の報道されたもの（鮮度は高いが、かなり断片化されている）や③の調査されたもの（具体的なデータになっていて、何を読み取ればいいかわからない）にあることはまれです。となると、②の執筆されたもの、例えば前述の採用サイトのようなものや入門書のようなものを探せばいい、ということがわかります。

一方、その情報についての概要もある程度わかり、最新の動きを知りたい場合は、①の報道されたもの、つまり最近の新聞の記事などで該当するものがないかを探すことになります。

さらに、基本的なことは大体わかり、突っ込んで知りたい部分も見えてきた場合は、専門書を読むなり、専門家の話を直接聞くことをしなければなりません。ここでいくら新聞記事を探しても、自分の知りたいことにぴったり合う情報に出会う可能性はほとんどないからです。**専門的なレベルになると、知りたい情報は大抵「人」についてきます**。要は「このことを知りたければ、あの人に聞けばいいよ」という世界です。

そこで、誰がその分野について詳しいのかを調べることが第一歩になります。もちろん人脈を駆使して専門家を探すこともできますが、簡単なのは「執筆されたもの」から調べるやり方です。例えば、CiNi（国立情報学研究所が運営する学術情報のデータベース）のサイトやGoogle Scholarなどで知りたいテーマを検索し、出てきた著者をさらに調べるような形をとれば、「知りたいことに詳しい人」に出会うことができます。

情報検索では、自分にフィットした情報をいかに速く入手できるかが大切です。そのためには、**「自分がどの程度のことを知っているのか」というレベルと、「知りたいことにアプローチするにはどこを当たればいいのか」という情報のありかの探し方**の2つを、きちんと理解しておくようにしましょう。

SCENE 4

一次情報を集めようとするとき

○ 「情報の設計者」になるよう心がける

× とにかくいろいろな人に当たって聞き取りを行う

一次情報は基本的に、まだ情報として世に出ていないものです。言い換えれば、「一次情報の収集」は、情報を自分で生み出すことです。その意味では、欲しい情報を入手できるように設計する感覚を持つことが大切です。

つまり、**実際に情報を集める前に、どのように集めるかを設計する**ことです。アンケートをしたりヒアリングをする場合には、その項目をあらかじめ考えることが重要だと言われますが、「自分で生み出す」という観点でみれば当然のことです。「とにかく話を聞きに行こう」「まずはアンケートをしてみよう」と気持ちばかり意気込んでも、うまく情報を入手することはできません。

では、効果的に一次情報を入手するための設計手法として気をつけておきたいことについて説明していきましょう。

## 目的に沿って設計する

第一に心がけなければいけないのは、「リサーチの目的に沿って設計できているか」ということです。ここで「目的」といいましたが、もう少し正確にいうと、**「集めた情報をもとにどんなアウトプットが欲しいかを明確にする」**ことです。

アンケートもヒアリングも、目的と関係ないことを質問しても意味がありません。目的と関係ない話だけで終わってしまったら、単に関係者と会えた、関係者が回答してくれた、程度のものでしかありません。

もちろん「ヒアリングで単刀直入に知りたいことを質問するのは失礼だ」とか「流れとして不自然だ」ということはありますから、目的と関係ない質問から始めたり遠回しに質問することはあるかもしれません。しかし、肝心の目的に沿った内容を聞き取れるようにする工夫は必要です。

## 「想定外」も考慮に入れておく

一次情報の入手でよく起こるのは、「想定外」の事態です。**事前に入手方法についてプランを立てても、思ったように情報を入手できないという事態は当たり前のように起きます。**となると、情報を首尾よく入手できないときの備えも考えておくのは必須になります。

想定外の事態として最もよく起こるのは、情報そのものが集まらないというパターンです。「アンケートを依頼したが十分な回答が集まらない」「インタビューを申し込んだが断られた」などというのがその代表です。このような場合は、別の手段で入手できないか、入手しないで進めることはできないか、ということをあらかじめ考えておかなければなりません。

特にインタビューをする場合には想定外のことが起こりがちです。思ったほど時間がとれない、インタビューの趣旨を誤解される、実は知りたいことを知らなかった——などなど。こうしたことが起きないように、お願いする段階で気をつけておくのはもちろんですが、それでも起きてしまうもの。こうしたことが起きたときの対処法をあらかじめイメージしたうえで臨むことが大切です。

例えば、インタビューされた人が有益な情報を持っていなかったとしても、有益な情報を持ってそうな別の人を知っているかもしれません。もし、そうであるなら、インタビューの途中でどんな人なら詳しいことを知っていそうかを質問し、具体的に詳しい人を知っていれば紹介を頼むのも一つのやり方です。

## 実施には相応の覚悟が必要

一次情報の入手は、二次情報の入手と比べるとはっきりいってかなり大変です。二次情報の入手は、一部の有料調査レポートに手を出さない限りはあまり費用もかかりませんし、すぐに入手することができます。一方、一次情報については、どんなやり方をするにせよ、費用や期間が相応にかかります。事前の準備や依頼、実際のヒアリングにかかる時間など、自分の時間もかなり取られるものだと覚悟したほうがいいでしょう。

情報収集の精度が同じと仮定すれば、情報収集にかかる費用や期間と、入手できる情報の質はトレードオフ（一方を立てれば他方が立たないこと）の関係にありますので、その見極めをしっかりしておく必要があります。大がかりな調査を実行しようとしたところ予算が足りず、途中で調査自体を断念してしまった、というようなことが起こらないようにしなければなりません。

そのためには、いくつか調べるパターンを想定しておいて、費用や期間そして想定外の要素を踏まえながら、どのパターンで調査するかを決めるという柔軟性が求められます。

SCENE 5

## 必要な情報を集めているとき

○ **入手情報を段階に応じて整理する**

× すぐに使える情報を探してとにかく集める

情報を集めるのは楽しい作業である一方で、いつまでもウェブなどで検索していても、肝心のアウトプットにはなりません。ある程度情報を集めたらそれを整理して、アウトプットにしていかなければなりません。そのときに軽視しがちなのが、整理の仕方です。**いろいろな情報を集めた割には整理がうまくできず、その結果集めた時間が無駄になった**、というケースはよく見かけます。

情報活用の苦手な人は、次の2つのパターンに陥りがちです。

## ①情報のつまみ食い

1つは、**集めた情報を「すぐに」「そのまま」使おうとしてしまう**パターンです。

自分の知りたいことに関連する文章やグラフを見つけたら、すぐに資料に貼り付けようとする。でも、実際にはそのまま使えるような都合のいい情報が簡単に見つかるはずはありません。そうすると、「検索キーワードがおかしいのかな」と別のキーワードで検索を始めてみる。これをつまみ食いのように繰り返して、気づいたら資料が使えない情報やグラフだらけになってしまった——。こんなことになりかねません。

このような行動は、「すぐに使える情報」が欲しい、つまりすぐに正解に到達しようという気持ちが発端です。

## ②もったいない病

これは、**見つけた情報を大事にしすぎて捨てられない状態**です。検索したところいろいろなサイトやファイルが見つかった。どれもすぐには使えなさそうだけど、何かに使えそう。だからとっておこう——。こんなことをしていると、情報はたくさん集まるかもしれませんが焦点が定まらず、整理するだけで大幅な時間のロスが出ます。

これらは思考法の問題というより、私たちの生活習慣がそのまま情報収集に出てきているのかもしれませんね。

こうしてみると、入手した情報を整理すると一口に言いましたが、いくつかやることがあります。面倒に感じるかもしれませんが、ここでの一手間が大きな差となっていきます。

## 情報になじむ

このようにならないためにも、情報収集の際には、情報に「なじむ」というプロセスをまずは入れましょう。

例えば、ネット検索したとき、最初の検索結果画面に出てきたページの上位いくつかはすべて目を通してみます。それらのサイトに出てくる情報に頭を慣らしていくと、「頻出するキーワード」や、「世間での関心の持たれ方」、「よく引用されている出典」などが見えてきます。

そうすると、より深く知るためにはどんな検索キーワードを使えば良さそうか、どんなサイトを訪問すると良さそうかがおぼろげながら見えてきます。それを手がかりにしてみると、自分では予想もつかないところに欲しい情報があったりします。

また、情報を「書き出す」のも良い方法です。目で追うだけでなく手を動かすことで、頭に入りやすくなるからです。

統計などのデータの場合、少々の量であれば、エクセルの表に入力を行う作業もバカにできません。面倒臭い作業の典型のように感じられるかもしれませんが、最初は数字の羅列にしか見えなかったものから、推移やパターンなどが見えてきます。

そうすると、別の情報で述べられていたことが「なるほど、そういうことだったのか！」と思えてきたり、「実際のデータは思っていたのと違う傾向なんだけど、どうしてそうなるのだろう？」と疑問が湧いてきたりします。こうなれば、すでにデータに十分なじんでいる状態です。

つまり、情報に**「なじむ」ことは、「自分の頭でその情報を活用するための準備」なのです**。どう加工しようか、どれを捨てようか、といった判断も、この段階を経てできるようになります。こういった作業は、スピード重視とか言われる今の時代に一番切り捨てられそうなものですが、このプロセスを経ないで情報を活用しようとすると、「なじむ」ことができず、上っ面をなぞったような情報の使い方しかできなくなる可能性があります。

## 使えそうな情報は加工しておく

情報収集でもう一つ見落とされがちなのが、情報をすぐに活用できるように加工する作業に関してです。このときに大事なのは、**加工のレベルを合わせておく**ということです。

例えば、同じ分野の情報について、ある情報はとりあえずウェブで見かけたものをブックマークしたまま、別の情報は自分なりにパワーポイント（パワポ）のスライドにまとめ直してみた。こんなバラバラなレベルで整理されていたら、情報を実際に活用する段階になったらどうなるでしょうか？

おそらく活用するのはパワポのスライドに落とし込んだもので、ブックマークした情報は存在すら忘れてしまうでしょう。これでは、せっかく貴重な情報を見つけても、活用できません。

なお、この段階ではあくまでも将来使いやすいようにしておくことが大事なので、あまり体裁にこだわる必要はありません。むしろ、最終アウトプットに加工できるシンプルな状態のほうが望ましかったりします。

例えば、気になる統計データを見つけたときに、きれいなグラフにするのは時間の無駄です。データの使い方によってどのようなグラフにするのがいいかは変わってくるからです。だから、シートにデータが入力された状態になっていればOKです。罫線も必要最低限で十分。同様に文章も、大ざっぱな内容と、どんなテーマなのかがまとまっていれば問題ありません。

ここまでできなければ、「どんなテーマか」「どんな点が使えそうか」といったメモを残しておく程度のことは最低限やっておきましょう。頑張って検索したけど、数日経ったら、なんのためにブックマークしたのかわからなくなった、というのでは検索自体が無駄になります。**面倒でも、使えるような状態にするところまでが情報収集と考えてください。**

SCENE
6

「この情報、少し変だな」と思ったとき

○ 違和感のある情報を排除しない

× 違和感のある情報は「フェイク」だと無視する

## 違和感のある情報は宝の山

データを調べたり情報を集めてみると、もともと自分が思い描いていた結果とは違う内容だったりすることがあります。そうすると、「データがおかしい」とそのデータを無視してしまいたくなります。データが自分の肌感覚と合わない原因は、集め方が変だったりする可能性もありますから。

しかし、そういった違和感を無視するようなやり方は少しもったいないですね。せっかくなので、**違和感からいろいろと考えを深めていくようにする**ほうが生産的です。

あるお店の店長の例で考えてみましょう。接客していると、どうも若いお客様の来客が多く、商品もたくさん購入しているようです。さらにターゲットを広げるため、中高年層に対して販売促進をしようと思ったとします。しかし、実際に年代別での売上データを集計した結果、中高年層の売上高は若者の売上高とそう変わりませんでした——。この場合どうすればいいでしょうか？

もちろん、売上データが間違っているわけではありませんし、自分自身の肌感覚も間違っているわけでもないでしょう。両者のギャップは何かを探ることが大切です。そのときは、もう少しデータを詳しく見てみたり、自分の肌感覚を振り返ってみたりしてください。

売上データに関しては、単に売上高のレベルでチェックするのではなく、もっと細かく見てみましょう。

例えば、年代別の売上高をさらに時間帯で分けてみるとどうでしょうか？　もしかしたら、自分が接客をしている時間帯は若者の売上が多い一方で、自分が接客をしていない時間帯の売上は中高年層が中心だったりすれば、自分の肌感覚と合わない理由がわかります。

別の見方もできます。年代別で、売上をさらに購入客数と客単価に分けて調べてみます。すると、若者は購入する人数自体は多いもののあまり単価は高くない一方、中高年層は一人当たりの支払額が多めだったりすると、レジで接する人数という肌感覚とは合っていることがわかります。

## 正確な理解をするために違和感のある情報に触れる

このように、**想定した結果と違う部分を掘り下げていくと、自分の感覚とデータの違いがわかるようになります。**

それだけではありません。このようなことを進めると、より正確に状況をつかめるようになるのです。また、対応策を考える際にも、より具体的な対応策が打てたり、幅広い観点からの対応策になったりします。例えば、時間帯別での顧客層の状況がわかれば、時間帯別で陳列する商品を少し変えたりするといった対応策も考えることができるでしょう。

想定外の情報を目にすると、思わず、その情報をなかったものにしたくなるでしょうが、実はアイデアを膨らませたり、正確に状況をつかむチャンスなのです。うまく活用できるといいですね。

もちろん「自分の肌感覚とデータが常に合わない」という場合はそんな悠長なことは言ってられません。自分の肌感覚に相当偏りがあるのか、データの収集の仕方がいい加減なのか、どちらかということになります。自分の感覚は他の人とずれてないか、もしくはデータの入手の仕方が適切なのかをしっかり点検してください。

SCENE 7

## 情報の正しい「疑い方」

○ 勘所を押さえて疑う

× 何から何まで疑う

この章でここまで、「情報の活用の仕方」を述べてきたにもかかわらず、それを疑うなんて、と感じる方もいるでしょう。しかし、**情報を「疑う」ことも情報活用では欠かせない技術です。**ウェブに載っている情報だから、と鵜呑みにしていては、間違った情報に流されてしまうことになります。

一方で、前項でも述べたように、自分にとって都合の悪い情報を「フェイクだ」と切り捨ててしまうのも考えものです。ここで身につけておきたいのは「健全な」疑い方です。

まずは、情報の何を疑うのかを整理してみましょう。

## 情報そのものを疑う

入手した情報を次のような観点から疑ってみると、適切なものかどうかを確認することができます。

### ①データとしての成り立ち

定量的なデータならその数値の算出の仕方、ヒアリングなど定性的なデータなら声の収集の仕方といった、**「どのように集め、まとめられたのか」という部分に対して疑いの目を向けるのが第一歩です。**こうすることで、情報としての完成度が高いのか不確かな部分が多いのかがわかります。

2019年前半に世の中を騒がせた厚生労働省の毎月勤労統計調査に関する「不正」の話は、そもそも情報の集め方・まとめ方の部分が不適切なものだったからです。

### ②出所

「そのデータは、どこから出てきたものなのか」という点にも、疑いの目を向けてみましょう。

検索して出てきた見栄えの良いグラフ。なんか使えそうだけれど、どの資料を基にしたものかわからない。こういうデータはまず怪しいと疑ったほうがいいでしょう。近年は出所に対する意識が高まってきていて、特に公開情報は出所を明確にしていることが多くなっています。

もちろん、出所が書いてあるから安心、というわけではありません。**その出所そのものが信頼の置けるものなのか、という点もチェックしておくといいでしょう。**

例えば、政府が刊行する報告書である白書のような、公的な資料で使われているデータでも、出所を見ると、「え、そんな調査なの？」というようなものを利用しているケースもあります。白書に載っているから絶対だとは思わずに「出所の出所」まで見てみると、その信頼性を確認できるようになります。

### ③加工の仕方

検索をしたらグラフとともにメッセージが出てきた。意外な結果だが、グラフを見ると確かにメッセージのようなことがいえそうだ。データの出所についても信頼が置

## グラフの見せ方に要注意！

### 2000年以降、教員数は過剰に

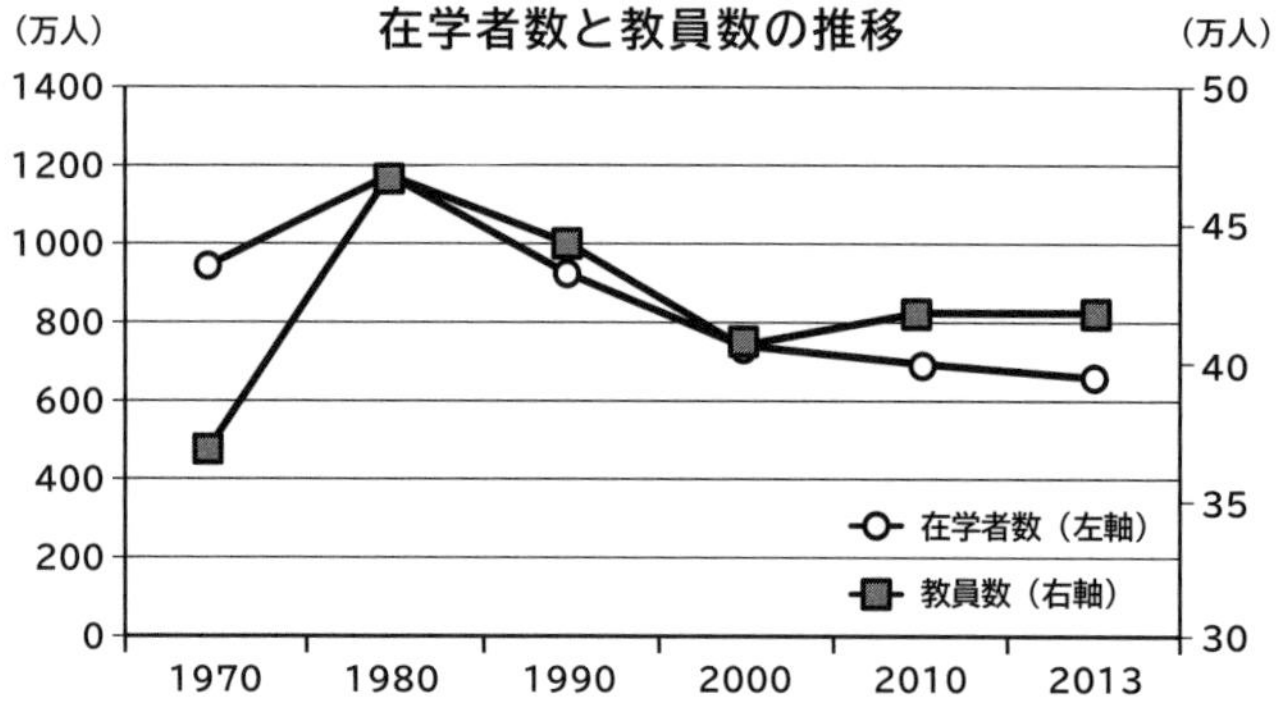


ける――。こうした情報を見ると、そのメッセージを信じたくなるものです。ただし、そのデータがどのように加工されているのかに注意することが必要です。

**特にグラフは、データを作成者の思うように見せる工夫がしやすいものです。**

上のグラフを見てください。2000年以降教員数が生徒数を上回っているので、一見教員過剰になっているように見えます。しかし、教員数の目盛は0から始まっていないうえに、目盛のとり方も横の罫線と対応していません。

つまり、たまたま2000年に教

員数と在学者数のグラフ上の位置が一緒になっただけで、必ずしも2000年に教員数と生徒数のバランスが取れていたわけではないのです。しかし、グラフと解説文があると、あたかも2000年にはバランスの取れていた教員と生徒数が、以降は教員過剰になったかのように見えてしまいます。このような見せ方で、惑わされないように注意しなければなりません。

他にも、グラフの種類の選び方から軸のとり方、配色等、説得力を持たせる工夫はさまざまです。凝ったグラフに対してほど、作り方にどんな工夫をしているかを考えてみると、どれだけ実際の説得力があるのかを確認できます。

## データの理解の仕方を疑う

続いて、データを使って発信している内容にも疑いの目を向けてみましょう。

先ほども触れましたが、情報源の人もなんらかのバイアスがかかっているはずです。それは、特に報道を見ればよくわかります。同じニュースでも、報道機関によってポジティブな扱いであったりネガティブな扱いであったりと、扱い方が全く異なるケースが多々あります。

会社の情報でも、経営者が語る内容と現場の社員が語る内容は違ってくるはずです。それは経営者と現場の社員という立場からのバイアスがかかっているからです。

そうした**情報源の持つバイアスについても、疑いの目を持つことは必要**になります。

## 「健全な疑い方」とは？

このように、インプットした情報もさまざまな観点から疑いの目を持たなければならないことがわかっていただけたかと思います。しかし、すべての情報に疑いをかけていては、それを活用することはできませんね。その意味で、**「健全に疑う」という技術を身につける**ことが必要になります。

「健全な疑いの目」の理想は、**疑った結果をもとに情報やアウトプットの質を高めることができる**ようなものです。しかし、そのためにどの情報をどれくらい疑えばいいかは、時と場合によって変わってきます。

残念ながら、その基準をはっきりさせることはできません。ただし、反対に健全でない疑い方がどのようなものかははっきりしています。それは、インプットした情報を否定したり、批判することが目的となっているような疑い方です。

例えば、インプットした情報の細部に至るまで疑う、一度疑いの目を向けたら徹底的に疑い尽くす、疑うだけではなく情報として使えないことを証明しようとする――。このようなことをするのは、インプットした情報が使えるかどうかを確認するためというより、それを使えない理由を探しているようなものです。

このような姿勢で疑い始めると、最終的には疑った情報を全否定しようとすることになります。果ては、データを集めた人や作った人の批判につながっていきます。このような非生産的な疑い方をしていては、決して生産的に仕事をすることはできないでしょう。

かなり前から**「クリティカル・シンキング」**、日本語に訳すと批判的思考の重要性が叫ばれています。これを文字通りに捉えて、なんでも疑って批判しようとするのは愚の骨頂です。

私たちに求められているのは、アウトプットにつながるような疑いや批判です。そのために、ぜひ健全な疑いの目を養うようにしてみてください。

# 第3章

# 情報を「伝える」ときにやっておきたい思考整理

相手が誰であれ、コミュニケーションを有意義にするには、まず頭の中をしっかり整理しておかなければなりません。いくら熱意があっても、頭に浮かんだことをそのまま話していては思いは伝わりません。それはメールでもプレゼンテーションでも同じです。

SCENE 1

「結論」を話すタイミング

## ○ 結論をまず述べてから その理由を説明する

## × 結論は最後にまとめて話す

### 相手がわかるような伝え方の原則

皆さんは仕事の場面で相手に話すとき、何を心がけていますか？　もちろん、この場合は同僚との他愛のない会話ではなく、お客様や取引先との打ち合わせや、関係者への報告、会議での発言などを指します。

もちろん、いろいろ心がけるといいことがあります。例えば、「はっきりとした口調で話す」とか「早口にならないようにする」などというものがあります。また、あまり角が立つような話し方は、正論であっても避けたほうがいいかもしれませんね。

ただし、こうしたこと以上に心がけたいのは、**話す内容の順序**です。一番まずいのは、思いついたことをとりとめなく話すやり方です。

こうした話し方は、話す側にとっては楽です。思い浮かんだことをそのまま話していけばいいわけですから。でも、話を聞いている側からするとどうでしょう？　おそらく話を聞いていても、展開についていくことができず、最終的には言いたいことが何かが、よくわからなくなってしまうというパターンになるでしょう。

思いついたことを話すというのは、自分の思考プロセスを話しているのと同じことです。相手は、あなたがどんな風に考えて結論を出したいのかを知りたいわけではありません。なので、**話す前にどんな順序で何を話せばいいいか、自分なりにある程度整理しておく必要があります。**

## 「起承転結」で話すのはわかりやすい？

では、話す順序にどんなパターンがあるでしょうか？

「起承転結」という言葉があります。これは漢詩の展開の定石ですが、なぜかこれがビジネスシーンでの伝え方の定番になっています。プレゼンなどをすると、「起承転結になってないなぁ」などと知った顔をしてフィードバックする人がいたりします。要は、最後に結論を示すようなスタイルですね。

しかし、起承転結って本当に必要なのでしょうか？　漢詩のように味わいを深めるためならこの展開もいいかもしれませんが、結論が何かをすっきり知りたい場合は、「起」「承」「転」は無駄な前置きとなります。余談ですが、起承転結の視点からフィードバックをする人は必ずといっていいほど、「（起承転結になっていないから）展開に深みがないよね」などとつなげます。話の展開に深みがあると、何かいいことでもあるのでしょうか？

つまり、**ビジネスシーンでコミュニケーションをとっているときに私たちが知りたいのは、「相手が何を言いたいのか」——つまり結論です**。同様に、伝える側にとっても相手に知ってほしいことは結論です。ならば、まず結論から伝えるスタイルをとるほうが、コミュニケーションの目的に即しています。

何より、「起承転結」のスタイルは、聞いている側からすれば、最後まで何を言いたいのかがわからないので、時間がかかってしまいます。時間制限がある場合は、結論に行き着く前に時間切れになってしまうという、みっともない話し方になる恐れもあります。

## 結論から話すスタイルを身につける

となると、答えは簡単です。**まず結論から話してしまうのです。**もちろん、いきなり結論を突きつけられると、聞き手は心の準備ができていないので面食らってしまいます。だから、結論を聞く準備ができるような前置きは必要です。しかし、前置きが済んだら、まずは結論から述べる。その後にその理由を説明していく。こんな順序を心がけるといいでしょう。

「そうは言っても、今まで最後に結論を話すようにしていたから、いきなり結論から話すのは難しそうだ」と感じている方もいるかもしれません。

その場合は、まず「型」から入ってみることをお勧めします。話す型をあらかじめ決めておき、その型に沿って話すのです。最初は少し窮屈に感じるかもしれませんが、慣れれば自然と結論から話ができるようになっています。

その「型」の一つとして、欧米のプレゼンのスタイルとして浸透している**「PREP」**というものを紹介しましょう。

まず結論（Point）を述べ、その理由（Reason）を続けます。該当する事例

(Example) があればそれを紹介し、最後に結論 (Point) を繰り返すというスタイルです。

これなら最初にまず結論を言わなければならないので、結論を先に話すスタイルが自然と身につきます。さらに、最後に繰り返しで結論を言うので、「やっぱりシメに結論を言いたいなあ」と感じる方にも安心ですね。

## いきなり話すのに耐えられる結論にする

ただ、単刀直入に結論を話してしまうと、なんとも間の抜けた展開になることも予想されます。

お客様へ提案するとき、「まず結論を申し上げます。これから提案するシステムを導入してください!」などといきなり言ってしまったらどうでしょう。担当者の「導入してほしい」という気持ちは伝わってきますが、あまりにも唐突すぎて、今ひとつピントが合っていない印象を与えます。こんな展開になるくらいなら、結論を先に話すのではなく、最後にとっておいたほうがいいと感じるかもしれません。

これは、結論が十分練られていないからです。つまり、**最初に説明する結論は、続く話を受け手が聞きたくなるようなものになっていなければなりません。**

PREP法で話に説得力を持たせる

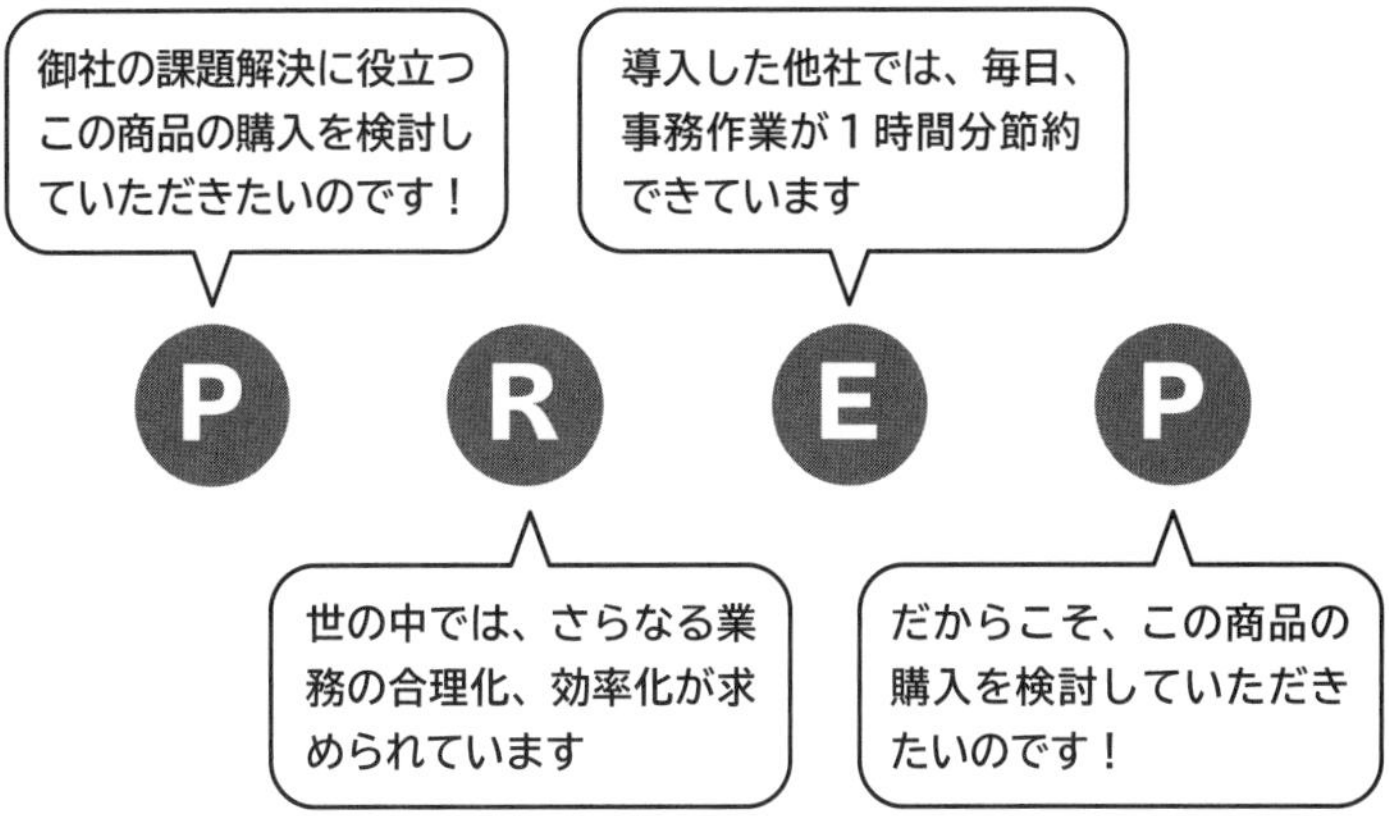
御社の課題解決に役立つこの商品の購入を検討していただきたいのです！
導入した他社では、毎日、事務作業が１時間分節約できています
P
R
E
P
世の中では、さらなる業務の合理化、効率化が求められています
だからこそ、この商品の購入を検討していただきたいのです！

先ほどの例でも「これから導入を提案するシステムは、御社の抱える課題を根本から解決するものですので、ぜひ導入をご検討ください」と言われると、もっと詳しくその内容を聞いてみたくなるでしょう。

最初に結論を出すというのは、ある意味、話の先制パンチのようなものです。シャープな先制パンチで話の主導権を握れるようになるといいですね。

SCENE 2

提案の背景を説明しようとするとき

## ○ 背景状況は目的に必要なレベルにとどめて話す

## × 背景状況をできるだけ丁寧に話す

### 気がつくと長くなる背景の説明

完成した提案書を見てみたら、えらく長いものになっていた、なんてことはありませんか？　その内容を詳しく見てみると、本題の提案に至るまでにかなりのボリュームが割かれていたりすることがあります。要は前段が長い、背景説明が多いというパターンです。

在宅勤務制度を導入する提案書を作成している場合でいえば、本題の提案の前にいろいろなこと、例えば、「社員の不満や働き方の現状」「世の中の働き方に対する意識や動向」「他社での導入事例」「これまでの勤務体系の取り組み」などを挙げてしまうパターンです。

これらをグラフ化したりして資料に入れ込んでみると、パワポのスライドで優に10枚は超えるボリュームになりそうです。そうなると、本題の提案に入る前に、相当の資料を読まなければならないことになります。

こうした傾向は、提案書のようなまとまった資料だけで起こることではありません。メールで頼みごとをするときも、本題に入る前にいろいろ書いてしまって、結局何を頼んでいるのかわからないものとなったりすることもあります。

だからといって、とにかく背景説明のボリュームを少なくしようとすると、資料全体の構成が崩れて、なんのための資料かがわからなくなってしまう恐れがあります。

ここで大事なのは、**「なぜ、それを説明する必要があるのか？」という点で整理し直すこと**です。

## 背景を説明する意味は？

そもそも、なぜ提案の背景としてデータを資料に含めなければならないのでしょうか？　その理由は大きく分けて2つあります。

**①提案をする必要性**

先ほど挙げた在宅勤務を例にとれば、「なぜ在宅勤務の導入を検討しなければならないのか」、その注意を喚起することが一つです。例えば、社員の不満の多くが固定化された勤務時間にあるとすれば、在宅勤務を導入することが必要だとがわかります。同様に、社外に目を向けてみて在宅勤務を導入する企業が増えていれば、当社もそろそろ検討したほうがいいと感じるはずです。こうした**「提案の必要性」を思い起こしてもらうことが背景を説明する意味です。**

**②提案をする人間としての妥当性**

仮に在宅勤務を検討したほうがいいと感じたとしても、提案する人にその資格があるかは、気になるところです。何もわかっていない人間がいきなり在宅勤務導入の責任者になったら、「わかっていない人が勝手なことを言っているだけ」と見られて、うまくいかない可能性が高くなります。

したがって、「自分はこのテーマに関しては責任者としてやっていくだけの知識はありますよ」ということをわかってもらう必要があります。そこで、一例として他社の事例を知っていれば、導入の勘所は大体わかっていそうだと思われるでしょうし、自社の社員の現状に対する不満を調べているのであれば、現実性のある制度にしてくれそうだと相手も期待するでしょう。

大体、このような目的で背景を説明することになります。

ということは、裏を返せば先ほどの①や②がクリアされているなら、無駄に背景説明をする必要はないということです。すでに勤務体系の見直しが待ったなしという状況にあるなら、社員の不満を丁寧に説明する必要はありません。また、自分が当事者として適任だと周囲から思われているなら、他社事例をわざわざ挙げて、自分が適任だとアピールすることも不要です。

このように**「背景説明をどこまでするか」は、「相手のことを考えて決定する」ことが必要なのです。**

SCENE 3

納得される「説明の内容」とは

## ○ 受け手のことを考えて伝える内容を変える

## × 誰でも納得できる内容を目指す

### 説得に欠かせない受け手に対する理解

相手に説明するとき、「自分の主張が正しければ納得してもらえるだろう」と考えてしまいがちです。しかし、**自分が正しいと考えていることは、あくまでも自分自身から見ての話であることを忘れてはいけません。**自分が持っている暗黙の前提や知識をもとに、妥当だと思う主張をしているのに過ぎないのです。受け手の持っている前提や知識が自分のものと違えば、受け手は自分の主張をきちんと理解することができなかったり、納得できないことは大いにあり得ます。

特に自分の言いたいことがロジカルになっていると感じる場合は、要注意です。主張がロジカルになっていれば、受け手は必ず納得すると思いがちですが、受け手が感情的になっている場合には、ロジカルに主張されるとかえって逆効果になることがあります。

怒りモードでクレームをしてきた相手に対して、理路整然とクレームとなった原因を説明したらどうでしょう。納得する以前に、「こちらが困っているときに冷静に話すなんて失礼だ」と捉えられるかもしれません。そもそも、いくら力説しても、受け手に聞く気がなければ、その主張は通り過ぎてしまうだけです。

このように、ロジカルな伝え方をすべきかどうかですら、受け手によって変わるのです。となると、**受け手がどんな人かを押さえたうえで伝え方を考えないと、なかなか自分の言いたいことは伝わらない**ことがわかります。

受け手が納得できるような説明を目指すときのありがちなパターンとして、誰もが満足するような、いわば最大公約数的な内容にする場合があります。しかしこのような場合、結果として焦点がぼやけてしまい、「総論賛成、各論反対」のような反応になりがちです。「お客様満足の追求を第一に行動しよう」というメッセージを訴えた場合、その内容に異論を挟む人はいないでしょうが、焦点が絞れず自分は結局何をすればいいかわかりません。

つまり、**説得のためには内容が正しくてわかりやすいだけでなく、受け手に合わせたものでなければなりません**。そのときに考えなければならないのは、自分が話そうとしている相手や作成した資料を読むはずの相手が「どんな人なのか」です。つまり、伝える内容を考えると同時に、受け手がどんな人かにも目を配ることを忘れてはなりません。

「奴隷解放の父」と呼ばれた第16代アメリカ大統領のリンカーンは、「自分が伝えようとする内容を考える時間の倍の時間を使って、相手について考える」と語っています。私たちがそこまで時間を使う必要はないかもしれませんが、少なくとも話す相手や資料を読む相手について考える時間はしっかりとりたいものです。

決して「自分の話す内容は間違っていないから大丈夫」「誰にでもわかる資料にしたから問題ない」などと思い込んではなりません。

## 「受け手分析」で重視する〝知識〟と〝関心〟

では、受け手の何がわかればいいのでしょうか？

「受け手を分析しましょう」というと、プロファイリングのような形で、受け手のすべてを知らなければならないと感じるかもしれません。しかし、受け手に自分の説明を理解・納得してもらうという目的から考えれば、受け手についてこと細かく理解する必要はありません。

特に、受け手について理解しなければならないのは、以下の3点です。

### ①相手の知識量

1点目は、自分が伝えたいと思っていることについて、相手が何を知っていて何を知らないのかです。

皆さんもそうだと思いますが、時間をかけて聞いた話や読んだ資料がすべて自分の知っていることだったらどう感じますか？　きっと話を聞いたり資料を読んだ時間が無駄だったと感じるでしょう。それはそうです。**すでに知っていることを改めて聞かされても、なんのありがたみもない**からです。

ということは、自分が説明しようとする内容について相手が何を知っていて、何を知らないのかを、あらかじめ理解しておかなければなりません。

もし、自分が伝えようとする内容について受け手がほとんど知らない場合には、イチから説明しなければなりません。逆に、すでに知っているとしたら、それを改めて説明する必要があるのかを考え直す必要が出てきます。

仮に、話すことで自分の説明内容の信頼性を高めるなどのメリットがあるなら、伝える価値はあるでしょう。しかし、そうしたメリットがなければ、あえて説明を省略するほうがいいかもしれません。

### ②相手の関心の対象

2点目は、説明しようとすることに対して、相手がどのような関心を持っているのかです。

皆さんはインターネットでニュースを見るとき、どんなニュースを見ますか？　もともと関心のある分野のニュースや、もしくは見出しなどで「何かな？」と関心を持ったものばかりのはずです。**自分に関心のない分野のニュースは、わざわざ見ようとしない**はずです。

これは、人の話を聞いたり資料を読んだりするときも同じです。ということは、受け手が何に関心を持っているのかをわかっていないと、延々と興味のないことを話してしまう恐れがあるのです。

自分が説明しようとしていることが受け手にとって関心のあることなら、単刀直入に伝えたい内容を説明するだけです。しかし、受け手が興味を持っていないようなら、自分の伝えたいことが受け手にとっていかに重要であるかがわかるように、説明を工夫しなければなりません。

### ③相手から見た自分の印象

３点目は、「自分」が相手にとってどのように見えるか、ということです。

あなたは同じアドバイスを上司から言われたときと同僚から言われたとき、どちらも同じように受け入れますか？　多くの場合、上司からのアドバイスは割と素直に受け入れるでしょうが、同僚からのアドバイスは同じように受け取れないでしょう。

つまり、**同じことでも誰が言っているのかによって、受け取り方は変わってくる**のです。

これを逆に見ると、自分が伝えることがどう捉えられるかに注意するのが大切だということです。自分と伝える相手とはどのような関係なのか、その関係の中で自分が言おうとしていることはどのように受け取られそうか、ということを想定しておく必要があります。そのうえで、より相手に受け入れてもらえるような伝え方を考えなければなりません。

善意からのアドバイスなのに、相手から「なんであいつから言われなければならないんだ」「同僚のくせに、上から目線で指示するなんて癪《しゃく》に障る」と思われてしまったら、もったいないですよね。

こうした**受け手の関心や知識レベルなどを把握し、受け手を理解することを、「受け手分析」と呼びます**。「コミュニケーションは受け手が決める」という言葉もありますが、受け手分析は適切なコミュニケーションを実践するためには欠かせません。

SCENE 4

資料の説明をするとき

## ○ 相手の理解度に応じて話す内容を調整する

## × 資料に書かれたことを一言一句そのまま話す

頑張ってまとめた資料を使って、お客様に説明する日を迎えました。あなたはお客様を前に、その資料を使ってどう説明しますか。

やってしまいがちなのが、資料の最初のページからすべて、一言一句そのまま説明するやり方です。ただ、言い方は悪いですが、そうした説明の仕方は自己満足に過ぎません。資料説明の目的は資料に書かれた内容（伝えたいこと）を相手に理解してもらうことですから、資料をすべて説明する必要はないわけです。

資料の内容は、ある程度網羅性の高いものである必要があります。それはある意味当然のことです。例えば、お客様に渡した資料は、どこの誰が読むかわかりません。そのようなとき、資料だけ読んで概要がわかるようになっていないと、「これじゃ、なんのことだかわからないな」という結果になったり、ひどい場合には不完全な資料だと誤解されてしまうこともあります。そうならないために、ある程度幅広い対象者に向けて、単体で理解できるようにしておかなければなりません。

このような前提で考えると、**資料に書かれたことは、ある意味それを読んでほしい人全員が理解できるようなものになっていなければなりません。**そうなると、資料の中には、相手がすでに「わかっていること」が当然、含まれているはずです。「相手がわかっていないこと」についても、読んだ人によって、優先順位の高いものとそうでないものがあるはずです。

そこで、ぜひやっておきたいのが、**「相手の理解度に応じて説明の仕方を考える」**ということです。資料で取り上げた項目の中で、相手が知りたいことに集中して説明をすれば、相手の理解が高まりますし、無駄に時間を使うこともなくなります。

## 相手の知りたいことを把握しておく

そのためには、資料の完成度もそうですが、**相手が何を知りたいのか、何を理解していて何を理解していないかを知っておく必要があります。**もちろん、あらかじめそれを把握しておくのが理想ですが、そうもいかない場面がほとんどです。

その際には、説明の前に直接聞いてしまうのがいいでしょう。「そんなことを聞くのはためらわれてしまう」と感じるかもしれませんが、実は最初に理解の度合いを確認しておくことはメリットだらけです。

自分が重点的に説明すべき内容がわかるだけでなく、質問の受け答えが簡単なイントロになって、相手も説明内容の全体像をつかみやすくなります。それに一方的に説明するのではなく相手から意見を聞けるので、相手との距離も縮めやすくなります。また、このやりとりがウオームアップ代わりになるため、雑談で無理に盛り上げようと心配しなくてもよくなります。

確認の仕方としては、例えば「今日は先日ご依頼のあった企画案の提案をしたいと思います。持参した資料では、これまでの御社の業績と弊社の取り組みについて振り返ったうえで、現状の課題、そして今回の企画案の特徴についてまとめてきました。本日はこのうち、現状の課題と企画案の概要を中心に説明しようと思いますが、それでよろしいでしょうか？」といったものになるでしょう。

ただ、これを実現するために大切なのは、資料の構成がしっかりしていることです。目次など、それぞれの箇所で何を説明しようとしているか、わかるようにしておくことです。これがないと、最初の全体像の解説すらできなくなります。

SCENE 5

相手の関心を引き出す話し方の順序

# ○ 相手が理解しやすい流れで話す

# × 自分の思いついた順序で話す

## 自分本位の伝え方になってないか？

気持ちを込めてはっきりした口調で理路整然と話しているのに、なかなか内容をわかってもらえない……。プレゼンや打ち合わせなどでは、このように頑張ったにもかかわらず、わかってもらえないというケースはよくあります。

「（自分は）そんなことはない」と思っているあなた。実際に前の日に話した内容を相手がどの程度理解しているか聞いてみるといいでしょう。ほとんど理解していなかったり、自分からするとどうでもいいことしか覚えていない（そして大事なことほど覚えていない）ことに驚くはずです。

これはお互いがわかり合えていないとかコミュニケーション能力が不足しているという話ではなく、ある意味自然なことなのです。**話し手は自分の伝えたいように話し、受け手も自分の理解しやすいように聞く**からです。さらに対面でのコミュニケーションの場合は口調や表情、ジェスチャーなど言外の意味（非言語コミュニケーション）も加わります。前向きな内容の話を少し沈んだ表情で話されていると、聞いている側はどこに真意があるかわからず混乱してしまいます。

もちろん、こうした状況を根本から改善することは難しいですが、少しでも相手に自分の言いたいことをわかってもらうための工夫をすることはできます。その一つに、話す順序を工夫することがあります。

## 話す順序を相手の理解プロセスに合わせる

私たちは、自分が話す内容を思いついた順序で話してしまいがちです。そうした話し方は、話す側にとっては楽ですが、受け手の理解という点から見れば決してわかりやすい話の進め方ではありません。ここは正反対の立場に立って、受け手が理解しやすいような話し方をしてみてはどうでしょうか？　つまり、**受け手が理解できるようにサポートする感覚で話してみる**のです。

一般的に、受け手の理解を進めるためには、次の3段階を踏みます。

## ①その話を聞く必要性・意味を伝える

「自分にとって、今から話してくれることはどんな意味があるの？」――受け手はまずここがわからないと、具体的な話を聞こうという気になりません。

例えば、先輩からいきなり「君は簿記を勉強したほうがいいよ。通信教育でいいところがあるんだけど、入会してみれば？」と言われたらどう感じますか？　なんでそんなことを言い出すのか真意がわからず、自分のためを思って言っているのか、まさか勧誘して紹介料をもらおうとしているのだろうかと疑ってしまうはずです。それはその話の持つ意味や自分にとっての必要性が全く感じられない段階で、いきなり話をされたからです。

そうではなく、「今の仕事にも随分慣れてきたと思うけど、これからもう一段高いレベルのことをやっていくときに大事になるのが、会計などの考え方だ。君は大学では法学部だったので会計の勉強はしていないだろうから、まずは簿記を勉強しておくといいと思う」と最初に言われれば、話の真意がわかりますね。

ちなみに、さまざまな講演を配信しているTEDの人気動画の一つに、サイモン・シネックという作家の「なぜから始めよう」があります。非常に熱気のある素晴らしいプレゼンテーションです。まだご覧になっていない方は一度観てみるといいと思いますし、『WHYから始めよ！』（日本経済新聞出版社）というタイトルで本としても刊行されています。まさにシネックの言う「WHY」（なぜ）がここに該当します。

## ②具体的に伝えたいこと（提案や依頼など）を話す

続いて、本題ともいえる伝えたいことを話しましょう。先ほどの簿記の例でいえば、この段階で「簿記をここの通信教育で勉強したほうがいい」ということを話します。

ただ、ここでこと細かく入会方法などを話し始めるのは待ってください。受け手の側からすると、簿記を勉強したほうがいいことはわかったけど、なんでその通信教育なのか、というのが腹落ちしていないからです。いきなり入会方法の説明をされたら、「本当に先輩は勧誘しようとしているだけかも」と疑ってしまうでしょう。

そこで話さなければならないのは、「ここの通信教育がベスト」だということです。通学や独学と比べたメリット、さらに他の通信教育との違いなどを話していきます。「通学といっても時間をとられるから大変だろう。本を買って勉強するのも長続きしないし、疑問点が出てきても確認しようがない。通信教育が君には一番合っているんじゃないかな。それから通信教育もいろいろな種類があるけど……」というような要領ですね。

## ③具体的な手順を説明する

最後に、簿記の通信教育を受けるにあたっての具体的な手順を説明します。ここでも、「じゃあ入会の仕方を説明するね。ここに申し込み用紙があるんだけど、必要事項を記入して、郵送すると請求書が届くから初回費用として振り込んで。それと支払い方法も口座引き落としか振り込みかを決めて連絡して。そのうち教材が届くから、あとは取り組むだけだよ。あ、毎月提出だけど忙しかったら提出を引き延ばすこともできるから、忙しいときは無理しないで……」というように、思いついたことをダラダラと話していたら、相手はついていけません。

「申し込みはこの書類に記入して郵送すればいいよ。支払いは、申し込んでから書類

## 受け手の変化

### 1 その話を聞く必要性を伝える

伝えようとしている内容に関心・興味を示す

### 2 具体的に伝えたいことを話す

伝えようとしている内容に納得する

### 3 具体的な手順を説明する

納得した場合、
次にどうすればよいのかを理解する

が届くから、支払い方法を決めて連絡して。初回費用だけは請求書が送られてくるから振り込むのを忘れないでね。教材が送られてきたら……」というように項目を区切ってコンパクトに話すといいでしょう。

これまで説明した例でも、後輩に簿記の通信教育を早く受けさせたいという気持ちばかり先走ると、「とにかく簿記の通信教育申し込んで！」というような言い方になりかねませんが、これこそ自分本位の話し方です。

ビジネスシーンで相手に話すというのは、自分の思いを伝えることも当然ありますが、多くの場合は相手に理解してもらいたいことを伝えるためです。自分本位でなく、相手の理解に沿った話し方をして、少しでも誤解をなくすようにしたいですね。

SCENE

6

相手に伝えたいことがあるとき

○ 伝えたいことは何かを明確にして話す

× 関連する話で結論を推測してもらう

## 「あうんの呼吸」に依存しない

次第に減ってはきていますが、いまだに「あうんの呼吸」を重視する人や組織が存在します。言い換えれば、「行間」でコミュニケーションをとろうとすることです。つまり、結論をはっきり述べず、相手に推測してもらうというスタイルです。

例えば、次のような話し方です。「今忙しい？　忙しいよね。実は部長から課のI

T利用状況をまとめるように言われているんだけど、君が一番詳しいよね。課の他のメンバーも忙しいし、部長からはすぐにまとめるようにせっつかれているし、別の調査でミスがあって随分絞られたから、あまりリスクは負いたくないいんだよね。君がまとめてくれるのが一番いいと思うんだけどな……」

端的にいえば、「部長から指示のあったIT利用状況をまとめてくれないか」という結論なのですが、それをはっきりとは言わず、話の全体を通じて依頼されていることが推測できるような言い方をしています。

こうしたコミュニケーションが通用するのは、お互いのことがよくわかっている場合だけです。それこそ裏も表も知り尽くしているような間柄であれば「ああ、遠回しに話しているけど、要は自分にやってほしいんだな」と理解してもらえるように、あうんの呼吸によるコミュニケーションでも何とか言いたいことは伝わるでしょう。

結論をはっきり示すのは、実は嫌なものです。何かを頼むと相手から断られたり嫌な顔をされることがありますし、頼む場合でなくても自分のスタンスがはっきりすると周囲からの目が気になったりします。そういう軋轢《あつれき》をなくす意味で、曖昧な言い方をするのはいいのかもしれません。

しかし、そのような間柄の相手とだけで仕事が完了する時代はずっと前に終わっています。それなのに、**旧態依然のあうんの呼吸によるコミュニケーションをとっていたら、結果も曖昧なものになってしまいます。**

「ちゃんと伝えたのに、わかってくれない」「いや、はっきりと頼まれた覚えはない」のような「言った」「言わない」の話になったり、お互いがフラストレーションをためることになります。何よりも誤解が生じやすくなります。

特になじみのない相手と仕事をする機会が増え、一緒に仕事をする相手がすぐに変わるような状況では、そもそも「あうんの呼吸」が通用する関係性すら作れません。もう、結論をはっきり言わずになんとか物事を進めるような時代ではないのです。

## 結論をはっきり言えるようになるには

ここで大事になるのは、**結論をズバリと示すだけの自信を持てるようにしておくことです。**結論をはっきり言えないのは、結局反論されたり断られることが怖いからで、それをなくすためには自信を持って結論を言える状態にしておくことが一番です。

また、結論をまず言って、それに対する相手の反応をもとに、説得力を高める工夫をするようなやり方もあります。

先ほどの例でも、まず「部長から指示のあったＩＴの利用状況を君がまとめてもらえるかな？」と言いたいことを言ってしまいます。話を聞いた部下がけげんな表情をしたり「今、忙しいんですが……」という反応があった場合は、「今、忙しいよね。でも君が一番詳しいし、他のメンバーに頼むよりは君にやってもらうほうが安心だからさ」と続け、さらに反応を見ます。このようにしていけば、無駄に相手のことを気にする必要もなくなります。

ただ、この場合は、想定される反応（「忙しいのに、なんで自分がやらなければならないの」という反応）とその対処法（「別の仕事の締め切りを見直す」とか「一番詳しいし君に任せるのが安心だ」と説得する）を用意しておく必要があります。

「こんなことまで考えてお願いしなければならないなんて、随分面倒だな」と感じるかもしれません。しかし、こうしたことを考えておかないと、後で嫌な思いをするのは自分です。**後に引きずらないような伝え方をする**――これもコミュニケーションの際にぜひ心がけておきたい事柄です。

# ○ 何をすればいいかわかる内容を1スクロールにまとめる

# × できるだけ多くの内容を1本のメールにまとめる

## 受け手から見たメール

メールを受信する立場に立って考えてみましょう。会議が終わり、自分の机に戻ってメールを開けてみたら、10件以上の未読メールがあった。30分後には外出しなければならないのに、どうしよう……。

こんなとき、どんな風に感じますか？　メールが届くのを心待ちにしている人以外は、多分うんざりするでしょう。「これを全部読まなければいけないのか」と。

メールを送る側は、受信する受け手のことを考えたメールにしなければなりません。そのためには、いくつか工夫する必要があります。

## なんのメールかがタイトルだけでわかるようにする

タイトルを見ただけで、すぐに読み返事をしなければならないのか、そうでないのかの判断をつけられると、うんざり感はかなり解消します。つまり、**タイトルでどんな内容か判断できるようになっている**ことが第一の工夫です。

タイトルの書き方はいろいろありますので、ここで細かく指定はしませんが、「案件名」「返答を求めているかどうか」「意思決定を求めているのか情報共有か」「急ぎなのかそうでないのか」などがわかるようにしておくだけで、ずいぶん変わってきます。

例えば「【ご相談】A社提案での要件定義の件」「【至急】X社の提示価格決定に関して」などのようにしておけば、それぞれのメールに対してどのような対応をすればいいのかはあらかた見当がつきます。もちろん、社内でタイトルの内容をフォーマット化しておけば、さらにわかりやすくなります。

## メールの本文も読み手のことを考える

タイトルでの工夫ができるようになったら、次に本文の内容に進みましょう。例えば、タイトルに「至急！」と書いてあるメールが届き、読み始めたら何度もスクロールしなければならないような長さで、肝心の依頼は最後になってようやく出てきた――。こんなとき、どう感じますか？

ほとんどの人が、至急何をしてほしいかがわかるようなメールを送ってもらいたいと感じるでしょう。メールは本とは違い、時間をとってじっくり読むようなものではありません。あまり時間のない中でも要点や、自分のとるべきアクション（返事も含め）がすぐわかるものであってほしいものです。

となると、目指すのは**1スクロールで終わるようなメールです**。もちろん、厳密に1スクロールで終わらせようとして変に文字数や内容を調整するのは本末転倒ですが、これくらいの簡潔さを目指しましょう。

さらに、ボリューム以上に大切なのは、**メールを読んだ相手に何を求めているか**です。単に内容を理解してもらえるだけで十分なメールもありますが、意思決定を求めたり、具体的なアクションをとってもらったり、スケジュールを連絡してもらったり、と送信側が求めることがあるはずです。その求めるものは何かをはっきり書くことが大切です。

「～の件で打ち合わせをお願いしたいと思っております。いかがでしょうか？」では、打ち合わせをすることがＯＫかどうかを返事すればいいのか、都合のいい日時を連絡すればいいのかがわかりません。「～の件で打ち合わせをお願いしたいと思っております。〇〇月〇〇日の午後にお願いしたいのですが、ご都合をご連絡ください」となっていれば、その日の都合を返事すればいいとわかります。

また、メールを書いていると、いつの間にか「あれも書かなければ」「ちょっと案件と違うけど、ついでに書いておこう」などと、いろいろな内容のものを含めたものになってしまいがちです。これは、書き手本位のメール作成の典型です。

## 本文の見た目でもわかりやすい工夫を

**見た目でもメールの読みやすさは変わってきます。**次のような工夫をするだけで、随分読みやすくなります。

## わかりにくいメールの文面の例

| 件名 | 最終報告資料の件 |
|---|---|

最終報告の資料についていろいろ考えたのですが、いきなり業務効率化のアイデアを説明するより、現状社員がどんな問題意識を持っているかを説明したほうがいいように思います。プロジェクトの最初の段階で社員へのヒアリングをしたと思いますが、その時の声を各自でまとめてください。追加でヒアリングをする必要は特にはないと思いますが、必要ならぜひ再度聞いてみてください。それから、みなさんがまとめてくれたものは私が再度まとめることはできますが、なぜ今回提案しようとしているアイデアが出てきたのかがわかるようにまとめてもらえると助かります。皆さんでしたらだいたい3日くらいあれば大丈夫だと思いますので、よろしくお願いします。

↑

### ✕ダメな部分

- タイトルだけではどんな内容か想像できない
- 文面が整理されておらず、ダラダラしている
- 余計な内容が含まれている（「自分でもできるが～」等）
- 依頼内容がはっきりしない

## 右ページの内容を改善したもの

| 件名 | 【重要】最終報告資料作成にあたってのお願い |
| --- | --- |

最終報告の資料で、いきなり業務効率化のアイデアを説明するより、現状社員がどんな問題意識を持っているかを説明したほうがいいように思います。そこで、以下の２点に注意して、各部署で社員からどんな声が挙がったか３日後までにまとめてください。

・社員の声の集め方
プロジェクトの最初の段階で行った社員へのヒアリング結果をベースにしてください。手元に十分な声がない場合は、追加でのヒアリングをお願いします。

・集約の仕方
単に社員の声を列挙するのではなく、なぜ今回提案しようとしているアイデアが出てきたのかがわかるようにまとめてください。

**①一行の文字数**

20〜30字前後にする。それ以下だとすぐ改行されるのでぶつ切りになった印象を与えますし、それ以上だと次の行を見失う恐れがあります。

**②適切な段落分け**

必ず段落間は一行空ける。一行空けなくてもいいと感じるのであれば、段落を分ける必要がないのかもしれません。

**③文章と項目のバランス**

文章だけだと要点がつかみづらいですし、項目だけだと何をすべきかがわかりません。両者をうまく混ぜる必要があります。

SCENE

# 8

## プレゼンの準備をするとき

○ 話す内容を充実させることに注力する

× 資料の見栄えを良くすることに注力する

プレゼンテーションの準備をしているとき、何に一番時間をかけていますか？

パワポのスライド作成に時間をかけている人は、実はかなりいるのではないでしょうか？　作成の内容も、フォントや色、どんな写真を使うか、グラフの作り込み、アニメーションの設定など、いわゆる「見栄えを良くする」ところに多くの時間を割いているのではないでしょうか？

これらに時間を割くことが全く無駄だというわけではありませんが、あまり生産的な時間の使い方とはいえません。プレゼンの準備の本筋としては、**伝える内容のクオリティを上げることに時間を使いたいところです。**

## プレゼンのクオリティを上げるための3つの準備

そうすると、「クオリティを上げるって何をするの?」という疑問が出てくるでしょう。大きく分けると、**「内容」「ストーリー」「質問対応」**の3点に取り組むことが、クオリティアップにつながります。それぞれ説明していきましょう。

### ①内容

せっせと資料をパワポのスライドに落とし込む前に、プレゼンの内容をもう一度見直してみてください。大事なのは、**プレゼンで最も伝えたいことが何かがはっきりしていること、そしてその根拠もはっきりしていて、筋が通っていること**です。

「このプレゼンで最も伝えたいことは○○です。なぜ○○なのかというと、△△だからです」というような形で、一度プレゼンしたいことを口に出してみましょう。筋道が立っているかを確認してみるだけで、内容は大きく説得力のあるものになります。

## ②ストーリー

どんな展開でプレゼンを進めるか。まず結論を話してから理由を説明する流れにするか、その逆にするか、といったように、**全体の流れを工夫してみましょう。**

イントロでどんなことを話すか、何か気の利いたエピソードがあればそれを加えてみるのもいいですし、最後にどのように締めるかもストーリー展開に入ります。ストーリーを確認する際には、パワポのスライドを並べてみるといいでしょう。スライドの中身は完成していなくて構いません。どんなことをスライドに入れるのかを明らかにしておけばＯＫです。

## ③質問対応

質問に対応するまでがプレゼンです。ということは、**プレゼンには質問があるものだという前提で準備しておきましょう。**

もちろん、どんな質問がどの程度出るかなどを正確に予想することはできませんが、大枠でどんな質問が出そうかを想定し、どのような回答をするかまで考えておくと、心に余裕ができて、その場でパニックにならずに済みます。

## 準備が完了したら、あとは練習あるのみ

こうしたクオリティを上げるための準備をしてもまだ時間があるようだったら、あとはひたすら練習です。スライドの見栄えを良くするためにパワポをいじる暇があったら、通しでプレゼンの内容を話してみる。**実践を重ねることがプレゼンの成功への近道です**。

本当に気合が入っているプレゼンだったら、周囲の人に見てもらったり、練習でプレゼンしている姿を動画で撮影してチェックするのも手です。自分がプレゼンしている姿を知り合いに見られたり自分で見返すのは苦手だという人がほとんどだと思いますが、これをするだけで自分のいろいろな癖がわかります。そうすれば、あとは本番でその癖に気をつけるようにすればいいのです。

最後に。それでもスライドの見栄えを良くしたい、と思っている人もいるでしょう。見栄えの良いスライドの基本は「揃っている」ことです。すべてのスライドでフォントや色使い、タイトルの位置や内容などの統一感があれば、多くの場合、見栄えで不合格とはなりません。とにかく、**揃っているというキーワードでチェックしてみるだけで、スライドの見栄えは格段と良くなります**。

SCENE 9

プレゼン本番で話すとき

# ○ 大枠を頭にたたき込んでプレゼンに臨む

# × 事前に原稿を用意し、書かれた通りに話す

さて、いよいよプレゼンテーション本番です。多くの場合、本番直前になって感じることは、「ちょっと想定と違うな」ということではないでしょうか?

会場の広さやレイアウト。投影用のスクリーンの大きさや場所。聴衆の人数や席の座り方、聞こうとしている姿勢。挙げ句の果ては与えられた時間も当初の話と違っていることなど、日常茶飯事です。

つまり、**プレゼンでは多かれ少なかれ即興が求められる部分があるのです。**なので、

即興に耐えられるような状態でプレゼンの本番を迎えることが大切です。

## 想定外を意識しておく

その意味で、**プレゼンで話す内容をあらかじめ原稿にしておくというのも、実は考えものです**。原稿があると確かに安心します。原稿に書かれた内容をそのまま読み上げればいいのですから。

しかし、想定外のことが起きたときにはどうなるでしょう？ 決まった原稿を読むことしか考えていませんから、応用が効かずにあたふたしてしまい、後味の悪いプレゼンになってしまいます。「ここは誰でもわかるだろう」と思って読み上げた内容に対して多くの聴衆が、「よく理解できない」というような、けげんな表情をしたとき、原稿が目の前にあるとそのまま読み進めることになります。これで、相手の理解を深めるプレゼンができたことになるでしょうか？

また、あなたが聞き手であるときを思い浮かべてください。うつむきがちの姿勢で、単調に読み上げるだけのプレゼンを聞いていたら、きっと退屈してしまうでしょう。つまり、ただ原稿を読み上げるようなプレゼンは、プレゼンターの都合本位のものなのです。

では、どんな準備をするか。**原稿を書き上げるのではなく話す内容の大枠を頭に叩き込んでおくのです。**どのスライドがどんな順序で出るか、それぞれのスライドに何が書かれているのか、全体の流れはどうなっているか。これらをあらかじめ頭に叩き込みます。**時間配分も5〜10分単位でどれくらいかかりそうかをつかんでおけばOKです。**イントロは5分、最初のテーマは20分というような要領です。これ以上細かく所要時間を設定すると、時間のズレが気になってプレゼンどころでなくなります。

こうしておけば、細部は別として、迷いなくプレゼンすることができます。何より、相手の反応を見ながら、軌道修正をしやすくなります。パワポのスライド1枚とっても、当初説明しようとした時間通りにならないことがほとんどです。聴衆がそのスライドをもっと詳しく説明してほしそうなら、そこに時間をかけたほうがいいでしょうし、もうわかっていることであまり時間をかけなくても良さそうなら、あえて当初の予定に沿った説明をする必要はありません。

全体の構成が頭の中に入っていれば、こうした柔軟なプレゼンテーションができるようになります。

## ブレ幅を持たせて準備をする

内容もそうですし、他の点でも「ブレ幅」を持たせた準備をしておくことが大切です。途中で軽く笑いの取れそうなネタでも入れようかと考えておくのはいいことですが、プレゼンの最中に聴衆の反応を観察しながら、そのネタですべらないかを考えておかなければなりません。プレゼン中の反応が薄い聴衆に、軽いネタで笑いを取ろうとしたら、さらにその場が寒くなること請け合いです（もちろん、どんな相手でも確実に笑わせることができるという自信があるならいいですが……）。

また、**所要時間ぴったりに収まるようなボリュームで話す内容を決めることも、実はかなり危険です**。聴衆が説明内容を十分理解できていなさそうな場合、つい同じことを繰り返し説明してしまいます。そうすると、途端に時間が足りなくなります。もちろん、その反対であっさりと進んでしまうケースもありますが、全体としては所要時間のゆとりを持たせたボリュームにしておいて、時間が余ったときに追加で説明するものを用意しておくと万全です。

こうした**ブレ幅を踏まえて準備しておくと、何かあったときにドタバタするのを最低限に抑えることができます。**

SCENE 10

相手とのコミュニケーションを深めたいとき

○ 質問を活用してコミュニケーションを活性化させる

× 自分の言いたいことを伝えるのに専念する

## 双方向のコミュニケーションに欠かせない「質問」

雑談レベルの会話はもちろん、お互いの主張をぶつけ合う議論まで、**双方向のコミュニケーションに欠かせないのが質問**です。質問することで、自分の意見を述べるだけや人の話を聞くだけでなく、お互いの考えや意見が言いやすくなるような円滑なコミュニケーションができるようになります。

質問の持つメリットとして、次の4点が挙げられます。

**①会話が平行線になるのを防ぐことができる**

互いに自分の意見を言い合うだけでは、議論している内容がずれたり、平行線のまま終わってしまいます。**質問してそれに回答するという流れになれば、両者が歩み寄るチャンスが生まれ、お互いが合意できる可能性が高まります。**

例えば、商談で価格交渉で行き詰まったとき、「納入ロット数を増やすことで、もう少し単価を下げることは可能ですか?」と問いかけることで、お互いが歩み寄るチャンスを作ることができます。

**②新しい気づきを提供することができる**

相手があまり気にしていなかったポイントに対して質問すれば、**その質問に対して考え、答えることで、新たな視点からの発想、アイデアの思いつき、気づきにつなげることができます。**

例えば、配置転換に納得していない部下に、「あなたの長期的なキャリアという観点から、新しい部署の仕事で何か役に立つことがあるのではないですか?」と問いかければ、目の前の仕事だけでなく長期的な観点で部下が自分のキャリアを捉え直す機会になります。もしかしたら、「長い目で見れば配置転換を受け入れてもいいかも」という納得につながる可能性も出てきます。

### ③相手に配慮しながら自分の伝えたいことを伝えられる

自分の言いたいことを主張するだけでは、聞いている側からすれば意見の押しつけのように聞こえます。しかし、**質問の形で投げかけることによって、相手の考えや感情も理解することができ、一方的に意見を押しつけているという印象を避けることができます。**

例えば、部下の持ってきた資料を作り直してもらいたいとき、頭ごなしに「もう一度作り直して」と言うのではなく、「どのような点に気をつけて資料を作ったのかな？」と質問して、その答えを聞いたうえで「ここをこう直してほしい」と指示をすれば、部下のこれまでの苦労に報いながら、改善点を見つけるように働きかけることができます。部下は自ら修正すべき点に気づきますし、上司にとっても、より具体的な修正すべきポイントを指摘することが可能になります。

### ④自分の知りたい情報を引き出すことができる

相手が自分の欲しい情報を持っていたとしても、相手の話をただ聞いているだけでは、知りたいことをなかなか話してくれないものです。ここで**質問を投げかけることによって、相手に自分の欲しい情報を話してもらうことが可能になります。**

## コミュニケーションを促進する質問のコツ

お互いの理解を深めるためなら、どんな質問でもいいというわけではありません。次に紹介するようなコツを心がける必要があります。

### ①何を聞きたいのかをはっきりさせる

まずは、どんな答えを求めているのかがわかるような質問をすることが大切です。質問の形態をとっているものの、何を聞きたいのかわからないという場合がありますが、それは質問ではありません。

典型的なのは「どうですか？」という質問です。どんなシチュエーションでも使えそうな質問ですが、聞かれた側は「どう？って言われても……」と戸惑ってしまいます。このような質問にならないように、**「どんな答えが返ってきそうか」**を質問す

**る前に考えておくことが必要です。**

**②質問は極力短くする**

正確な質問にしようとすると、どうしても質問は長くなります。だからといって、長々とした質問は混乱を招くだけなので、短くする工夫が必要です。

ちなみに、長々とした質問をしてしまうのは、頭に思い浮かんだ質問をそのまま言葉にしてしまうからです。質問が思い浮かんだらそのまま投げかけるのではなく、**「どうすれば短くできるのか」という観点からかみ砕く**ことも重要です。

**③質問の中に選択肢は極力入れない**

「今度ご飯食べ行こうよ。お寿司と焼肉どっちがいい？」という質問をされたら、どう答えますか？　ここで「いや、今はうなぎが食べたい気分なんだけど」と答える人はそうそういませんよね。それは、質問の中にお寿司か焼肉という選択肢が入っているため、暗黙のうちにそのどちらかから選ぶことが求められているからです。しかし、それでは、相手が本当に食べたいものを引き出すことができません。

**仮に選択肢の入った質問をする場合は、他の選択肢がないと感じる場合だけにする**

などの注意が必要です。

## ④価値判断の入った言葉を質問に入れない

選択肢と同様、価値判断の入った質問も、自由な答えがしにくくなります。「あの気難しい上司のことどう思う?」と質問された場合、すでに「気難しい上司だ」という価値判断が入っています。その上司をフランクな人だと思っている人にとっては、なかなか答えにくい質問になっています。

このような**価値判断の入った言葉が質問に含まれていると、相手が本当に思っていることを引き出しにくくしてしまいます。**

「あの上司は気難しくて困っているから、その気持ちを共有したい」という意図があるなら、このような価値判断を質問に含めるのもあり得ますが、純粋に相手がどう考えているかという答えを引き出したい場合は、価値判断の入った言葉を含めるのは避けたほうが無難です。

第4章

# 生産性の高い会議・打ち合わせを行うための思考整理

仕事の中で会議や打ち合わせの占める時間は、思った以上に多いもの。仕事の生産性を上げるためにメスを入れたいのが、これらの時間です。行き当たりばったりで臨むのではなく、進行から締めくくりまで、あらかじめ整理しておきましょう。

SCENE 1

会議に参加する際の心構え

# ○ その会議の目的や議題から自分の役割をイメージする

# × なんとなく会議に参加する

## 会議へのダメな参加のスタンス

私たちは、さまざまな会議に参加しています。ほとんどは、会議を主催するのでなく、会議に呼ばれる立場になるでしょう。そのとき、どんな心構えで参加すればいいのでしょうか？

**望ましくないのは、「お客様」状態で参加するスタンスです。**気がついたらスケジュールに会議を入れられていたので、仕方なく参加した。だから会議で議論をしていても上の空、しまいにはスマホをいじり始める始末。そんな姿勢なら、会議に参加しないほうがマシです。

ここまでひどくなくても、何を発言すればいいのかわからず、他の人の話を聞くだけで会議が終わった――。こういうパターンはよくありますが、これだと参加しないのと同じです。

考えてみてください。**会議に参加している時間に対しても、もちろん給料は支払われます**。会議で何もしなければ、単に給料泥棒になってしまいます。給料に見合う分になるかどうかはわかりませんが、会議に参加したらなんらかの成果を上げなければなりません。

## 会議の中での自分の役割を見つける

ここでやらなければならないのが、「その会議での自分の役割は何か？」を思い浮かべてみることです。会議での役割はいろいろあるはずです。司会者や意思決定する役割ばかりではありません。自分の知っている情報や知識を提供する役割もあるでしょうし、当事者としてどう感じるかを訴える役割もあります。

では、議題に関してあまり知識もないし、自分の業務と関係もないという場合には、どうすればいいのでしょうか？

それでもいろいろな役割があるはずです。知識がないことを逆手にとって、全く知識のない人から見て会議での話をどう感じるか——。これを説明できれば、固定観念にとらわれた他のメンバーからは「斬新な見方ができるな」と思われるはずです。また、自分の業務と関係のない話題に対してはどうでしょう？　この場合も、業務と無関係だからこそ思い切った発想ができる可能性があります。他の人と同じことしか言わなくても、その人を応援するという、立派な役割を果たすことができます。

このように、**会議で自分はどんな役割を果たすといいのかをイメージして参加する**ことが大切です。

## 会議では発言してナンボ

先ほど、会議に参加する場合には、いろいろ役割があると述べましたが、やはり会議に参加するからには何か発言はしたいものです。いや、発言しないなら、他のことでどんなに頑張っても会議に参加する価値は限りなく低くなると思っておいて間違いはありません。

## 会議での役割の例

コンサルティング会社では、経験があろうがなかろうが会議に出たら発言しなければなりません。ミーティング用の資料をいくら頑張って作っても、その場で発言をしなければ、お客様から「発言しない人のフィーを払うつもりはないから、メンバーから外してください」と言われてしまう可能性もあります。

もちろん、ここで的外れなことを言ってしまっても、同じく「もう参加しなくていいです」と言われてしまうでしょう。だから、いい加減なことは言えません。その打ち合わせで自分はどのような貢献ができるのかを必死になって考えて、ミーティングに臨みます。

すべてのミーティングで、そこまで自分を追い込む必要はありませんが、ぜひ会議では、自分がどんな役割を果たすべきなのかをイメージして臨むようにしてください。

SCENE 2

会議で発言しようとするとき

# ○ 議題や議論の流れに沿った内容を意識して話す

× その場で思いついたことを話す

会議で話を聞いていると、触発されたり、発言内容から思い浮かんだことが出てきたりして、自分から発言したくなるものです。そのようなときも、実際に発言する前に、少しだけ待ってみてください。

## 会議では話すべきことを話す

このように言うと「せっかくいい話を思いついたのに、発言するのを待てとはどういうこと？」と感じる方もいるでしょう。前項で「会議では発言してこそ意味がある」と言っておきながら、なぜ止めるのか、と。

でも考えてみてください。もし他の人も同じように思いついたことをすぐに発言したら、どうなるでしょう？　おそらくいろいろな話題が出てきて、その場は収拾がつかなくなるでしょう。だから、会議の流れを無視して思いついたことを発言するのは決して褒められることではない、むしろ避けるべきマナーなのです。

**会議とは、発言したいことを話すのではなく、その場で話すべきことを話す場です。**これは、司会者だけに任せておけばいいというものではありません。むしろ参加者全員が意識して、初めて守られるルールなのです。

## 「何について話をしているか」のつかみ方

では、どうやって何について話をしているかをつかめばいいのでしょう？　それは、**今議論していることを「～についての話」と言い換えてみる**のです。「～についての」と言い換えてみれば、自分が話そうとしていることとどんな関係があるかを理解しやすくなります。「～についての話」と自分の言いたいこととがずれているようだったら、言いたいことを発言するのを少し待つなどの対処法が出てくるはずです。

例えば、提案書のフォーマットを統一する打ち合わせをしているときに、「文字の色は黒を使っているけど、青のほうがきれいだと思います」という発言が出た場合、その発言は「提案書で使う文字の色について」の話です。「データは表じゃなくてグラフにしたほうがいい」という発言は、「定量データの表示の仕方について」の話です。

このように「〜について」という言い方で合わせておくと、これまでどんなことが話題に上っていて、今の発言はその話題と関係があるかないかが、つかみやすくなります。

「〜について」もいろいろな段階があります。大まかなところでいえば、議題単位の「〜について」です。ただ、まさか議題と無関係のことをいきなり話し出すケースはほとんどないでしょうから、**議題の中の細かいテーマのレベルでの「〜について」をつかんでおくといいでしょう。**

活発な議論というと聞こえはいいですが、実際のところはそれぞれが言いたいことを言い合っているだけ、という場面がよくあります。言い換えれば話していることがかみ合っていないという状態です。このような状態は単に発言している人が自分の言いたいことを発散しているだけで、実のある議論からは程遠い状態ですので、注意しましょう。

## 議論の流れに乗り損ねない

ここまで述べてきた話をその通り実行してみると、困ったことが起きることがあります。議論の流れに従って自分の言いたいことを発言するのを我慢していたら、会議が終わったり、全然関係ない議題になってしまった、というような場面です。

こうならないよう、議題や会議の最後でリーダー役が「他に何か話すことはないですか？」と聞くタイミングを活用して発言したり、自分から「最後になってしまいましたが、ちょっと言っておきたいことが……」などと切り出すくらいのことはしておきたいところです。

ただしその前に、自分が言いたいと思うことは、この会議で本当に言わなければならないことなのかを冷静に判断するのも大切です。

議論には流れがあります。流れに乗り損ねると言いたいことも言えなかったり、言いたいことを言ったのに無駄だったということになりかねません。**議論の流れをしっかりつかんで意見を言う習慣を身につけておきましょう。**

SCENE 3

議題について話を進めるとき

○ どこまで話し合えばいいのかを確認してから議論する

× 目の前の議題について結論が出るまで議論する

## まずは「議論のゴール」を決める

お客様と商談するとき、どんな風に始めますか？　また、会議である議題を取り上げたとき、どのように進めますか？　ここで**ぜひやっておきたいのが、「議論のゴール」をすり合わせする**ことです。お客様と商談するときには、どこまでの合意をとるかをまずは話し合いましょう。会議でも同様です。一つひとつの議題について、どこまで話し合うのかを決めておきます。

議論をしていて困るのが、「今その話をされても……」となってしまうときです。「上司の承認を得なければならないことなのに、今決めてくださいと言われても……」とか、「まだ細かい仕様が決まっていないのに、価格や支払い条件を決めましょうと言われても……」というようなシーンはよくあると思います。

このようなときに話を続けても、想像の域を超えない話し合いにしかなりません。下手をしたら、ろくに確認もせずに決めてしまって、後でもう一度やり直しになるなど、大変なことになってしまう場合すらあります。

こうならないためにも、最初に議論すべきポイントを決めておくことが大切なのです。商談も、一度に契約取り付けまで進もうとするのではなく、まずはお客様の課題に対してどのような対応策があるのかを明らかにすることまで進める、などと決めておくのです。

## 議論全体の流れを押さえる

そのために必要なのが、議論をする前の準備です。まず、**議論全体の流れを押さえ**

## 事前にどの程度まで話し合うのか決めておく

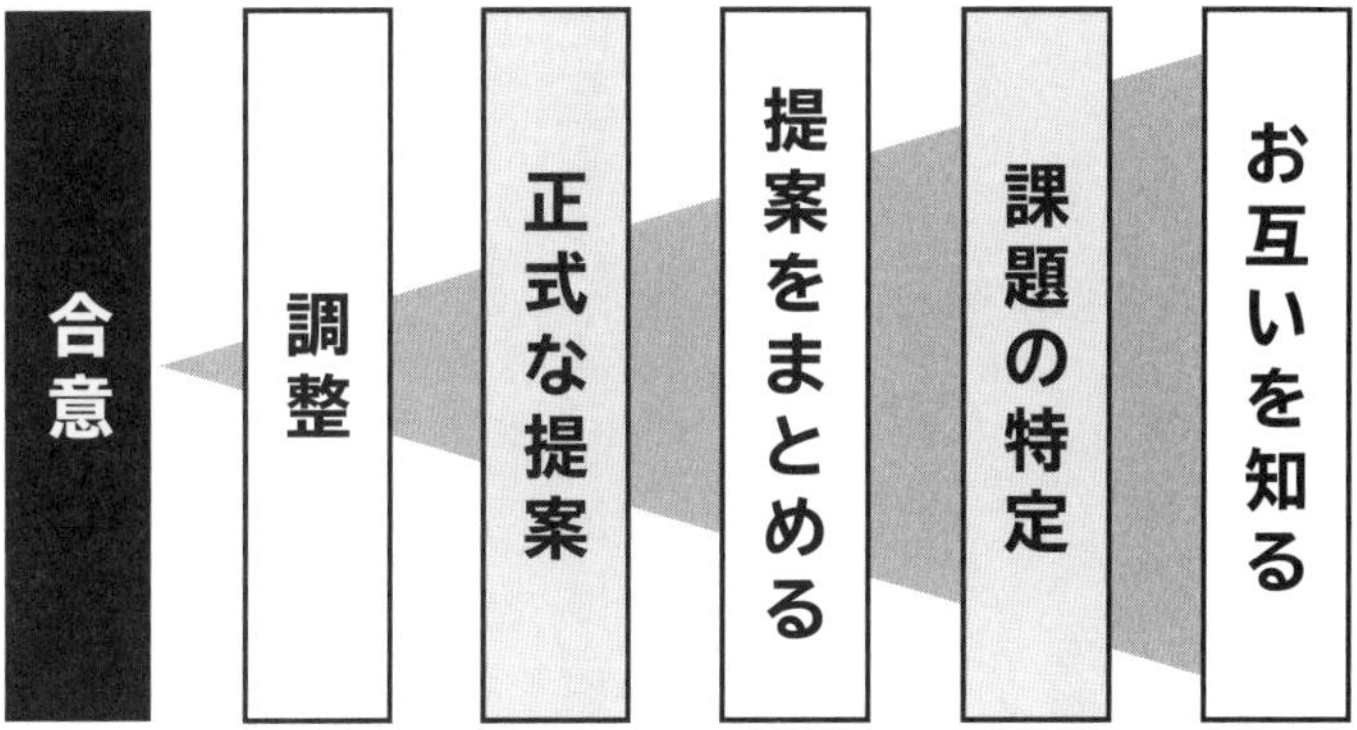

**ておきます**。商談でも、大きな流れとして「お互いのことを知る」「課題を特定する」「課題解決の提案をまとめる」「正式に提案する」「調整する」などの段階があります。商談でどこまで話を進めるか、大きな流れがわかっていれば、自ずとその日の進行は見えてきます。こう考えると、初回の商談でいきなり「御社の課題への対応について提案させてください」と発言するのは、議論すべきポイントから大きくずれていることがわかります。

## 結論に至るまでの制約は何か？

もう一つ、議論を進めるために大切なのは、**「結論を出すための制約は何か」を調べておくこと**です。先ほどの例でも挙げたように、結論を出そうとしても別の人の意思決定が必要な場合があったりします。こうしたことはあらかじめ調べておいたうえで、会議や商談に臨みましょう。

面倒かもしれませんが、こうした一手間をかけるだけで、実のある議論になるかどうかが決まってきます。以前にも触れたように、会議や議論は参加者分の時間が費やされるものです。それを無駄にしないような準備はお忘れなく。

SCENE 4

議事録をまとめるとき

# ○ 議題ごとに発言内容と結論を整理してまとめる

# × 話の出た順にまとめる

特に若手社員の人は、会議や打ち合わせの議事録を作成する機会が多いでしょう。社内の会議だけでなく、お客様や取引先との打ち合わせでも、しっかりとした議事録を作成し、共有しておくのは大切なことです。

ただ、議事録を作成するのは簡単なようで難しいところがあります。単にその場での発言を書き出すだけでは、その後あまり役に立ちません。

## しっかり分ける

議事録で一番まずいのが、人によって解釈の仕方が180度変わるような書き方です。特に、「この件については、営業企画課で見直しの方向で検討」のように、「見直すのか、見直さないのか」がはっきりしないような書き方をされると、実際にアクションをとるべきなのかどうかについて、人によって解釈が分かれます。つまり、**決定事項か未決事項なのかをはっきりさせなければ、議事録としては使い物にならない**ということです。

同様にしっかりと違いがわかるようにしておかなければならないのが、**「事実」なのか「本人の意見」なのか**です。特に、同じ文章の中に事実と意見が混同した内容の議事録では、それを読んだ人が判断を誤る恐れがあります。

例えば、「値上げについては顧客からの不満が大きいという意見が営業から出て、なんとしても値上げを阻止したいようだった」というような書き方ですと、前半の発言は事実ですが、後半は書いた人の印象です。

このように書くと、営業は絶対値上げに反対だと見られかねません。あなたが感じたことを議事録に加えるのは悪いことではありませんが、あたかも事実かのように書くのはやめましょう。

## わかりやすく整理する

例えば、営業の人が、自分の担当顧客の状況を共有する会議の議事録を作成する場合、担当顧客をどのように整理すればいいでしょうか？　いろいろな整理の仕方が考えられます。

営業担当者別というのもあれば、顧客の業種や規模別などで整理するやり方もあります。まだ電話でしかアプローチができていないのか、提案をして返事待ちなのかなど、顧客の営業ステータスという分け方もあるでしょう。

ここでの整理の仕方にも気をつける必要があります。担当者別で整理しようとしても、複数の担当者が同じ顧客を担当している場合、重複する可能性があります。業種別でも、顧客が特定業種に偏っていると、わかりにくいですね。

ここで絶対の正解はないので、**自分なりにどう整理するとわかりやすいかを考えて、そのうえで議事録にまとめる**ことが大切です。必ずしも発言順に書かなければならないわけではないということを、心に留めておきましょう。

## 会議の場以外での確認も大切

このように見ると、**単に会議や打ち合わせに参加して話を聞いていれば議事録を完成させられる、というのは少し甘い考え**だということがわかります。だからこそ、不明な点があれば曖昧な書き方で議事録をまとめるのではなく、会議中、あるいは会議の直後などに直接確認しておかなければなりません。その意味で、会議や打ち合わせの場でしっかり話を聞いてメモを取るだけでなく、その前後の仕事の仕方も重要になってくるのです。

**議事録がありながら、「あの議題はどうなっているのかもう一度確認してみよう」などと会議の内容を再度繰り返すような行動をとる人が出たら、その議事録は失格です。**会議や打ち合わせで何が決まり、次に何をすべきかが全員わかるような議事録にしていくことを忘れないようにしてください。

SCENE 5

意見が対立したとき

# ○ 対立点を明確にしてその部分を重点的に議論する

# × なあなあでその場を収める

会議や打ち合わせの場で嫌なのが、意見が対立することでしょう。お互いが持論をぶつけて引くに引けなくなり、場の雰囲気が気まずくなる。強引にその場をまとめると、あとまで尾を引いたりする——。こういうことが予想されるから、自ずと会議では違う意見を出さないようにしようとしたり、なあなあでその場を収めようとしてしまうこともあります。

しかし、それでは生産的な議論とは呼べません。少なくとも、「おかしいな」と感じる意見に対しては、しっかり反論できるようにする必要があります。ただ、その際には、**強引に持論を押しつけようとしたり相手を論破しようとするのではなく、お互いが納得のできる答えを目指す姿勢と思考整理の仕方が大切です。**

以下で、その流れを説明していきましょう。

## 目的や前提、制約条件に立ち返る

まず、なんのために、その主張をしているのかをはっきりさせましょう。**そもそもの目的や前提となる部分がずれている場合、議論がかみ合うはずがありません。**

例えば、自分の部署に異動してくる若手社員にどんな仕事を任せるかで意見が対立した場合、まずは仕事を任せる目的をすり合わせしておくことが必要です。将来的な成長を考えて割り振る仕事と、即戦力と捉えて割り振る仕事は自ずと違ってきますから、いきなりどちらの仕事を任せるべきかを決めようとしても、お互い納得するはずがありません。まず、目的について合意を取るようにしておけば、自ずとどんな仕事を任せるかも意見がかみ合うようになります。

同様に確認しておくといいのが、**「制約条件」**についての捉え方です。制約条件とは、コストや時間など、すでに決まっていて動かすことのできないと思われている条件のことを指します。

ある人が制約条件と思っていたことが、別の人はそうとは思っていないという場合もあります。今の要員で作業しなければならないと思っている人と、人員増は可能だと思っている人が作業の期限をいつにするかで意見が対立した場合、人員面での制約条件（本当に人が来るかどうか）について確認して、共有をすれば、対立も解消しやすくなります。

まず目的や前提、制約条件に立ち返るようにしておくと、かなりの対立をなくすことができます。

## 対立した意見をまとめるための議論の進め方

議論の目的や前提の捉え方に大きな違いがなければ、対立している意見そのものに目を向けていきます。その場合、次の3つのステップを踏んでいきます。

### ステップ❶ 対立意見の共通点と相違点を明確にする

意見が対立している場合、まずどこで対立しているのかをはっきりとさせる必要があります。また、全面的に意見が対立しているように見える状況でも、意見の一致している箇所はあるはずです。それらを明らかにするのが最初のステップです。

## ステップ❷ 対立の原因を明らかにする

次に行うのは、なぜ対立の原因が生じたのかを把握していくことです。こうした対立を引き起こす原因の多くは、双方の「立場」です。

お互いの立場の違いによって、重視すべき点が異なり、それが対立へとつながっていくことがあります。その場合、お互いの立場の違いを受け入れたうえで、別の視点から、どんな結論が適切かを考えることが求められます。

## ステップ❸ 見方を変える

意見が対立したときに行うと効果的なのが、見方を変えることです。

例えば、一段高い視座から対立している状況を見てみると、実はつまらないところで意見が食い違っているだけなのがわかったりすることがあります。また、視野を広げてみることも大切です。さらに、見る立場（視点）を変えてみるのもいいでしょう。いつまでも社内の立場からものの見方をするのではなく、お客様の立場で見てみると、

## 意見が対立したときの対処法

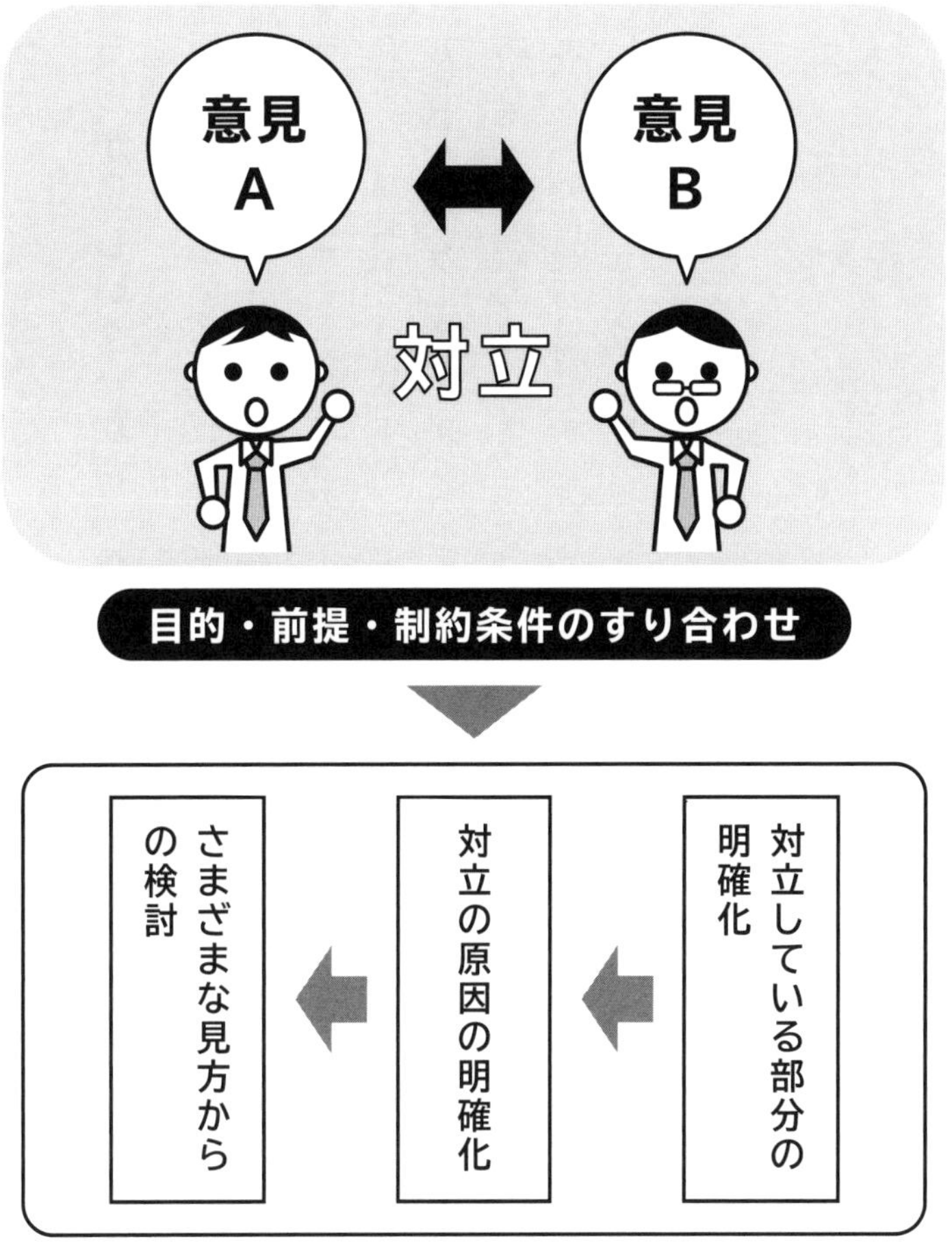

どちらの意見がいいのかが見えてきます（45～51ページも参照）。

## 「どちらが正しい？」から「ベストな答え」を探る

今まで対立した場合の対応方法について見てきましたが、この議論のゴールは決して「結局、どっちの意見が正しかったか」を決めることではありません。**話の目的から見て最善の答えを探すことが、本来のゴールです。**

先に紹介した、異動してきた若手にどんな仕事をさせるかという例でも、2人のどちらかが主張する内容の仕事をさせるかを決めるのではなく、その若手にどんな仕事をさせるのがベストなのかを決めることがゴールになります。

もちろん、結果的に最初に双方が挙げた意見のどちらかが最善だという結論になるケースもありますが、それ以外の第三の意見を見落とさないようにしましょう。

SCENE 6

議論の内容をまとめようとするとき

○ 内容をホワイトボードなどで「視覚化」する

× 会話だけで議論をまとめようとする

## 議論の内容を忘れないように視覚化する

議論が白熱し始めると、つい我を忘れてさまざまなことを話し合ってしまいます。その結果、話し合った内容の一部しか覚えておらず、後になって「あのとき、どんな話したっけ？　随分深いことを話したような気がするんだけど」となってしまったり、同じ内容を繰り返し話し合ってしまう——。こういった場面は意外と多いものです。

懸命に話し合っているのだから、内容を覚えていないなんてことはないはずだ、と感じられる方もいるかもしれません。しかし、議論をしている最中、頭は次に何を言おうかと高速で運転しています。そのような状態で、話し合っている内容を覚えるのは難しいものです。

**だからこそ、やっておきたいのが、議論の内容の視覚化です。**今どんなことを議論していて、どこまで共有できたか、そして何が合意のとれたもので、何が対立しているのか。こうしたことを議論に参加している人全員が見えるようにしておくのです。

その場合に威力を発揮するのが、ホワイトボードです。全員が見ることができて、すぐに修正できるので、議論の内容を視覚化するのにこれほど便利なものはありません。何人かが集まって話をするときには常に、手元にホワイトボードがあるようにしたいものです。

最近は、パソコンで書いた内容をプロジェクターで投影して視覚化することもよく行われますが、ホワイトボードと比べると視覚化のしやすさは雲泥の差です。

パソコンの画面をプロジェクターに投影する場合、作成するのが1人に限定されるので、作成者以外は自分の思うようなことを書けません。そうすると、「ここに○○と書いて！」というような指示の声で議論が止まってしまいます。

また、文字の大きさの調整などが意外と難しいので、すぐに画面が文字でいっぱいに埋まってしまったりして、議論が止まってしまうこともあります。

## 視覚化する際に気をつけたいこと

ツールの話はさておき、議論を視覚化する際に気をつけたいのが、単に話していることをそのまま書き出すのではなく、**話の内容の位置関係がわかるような工夫をする**ことです。

こうした技術を**「ファシリテーション・グラフィック」**と呼びます。ここで詳しくは説明しませんが、このテーマを扱った本も出ていますし、セミナーなどで学ぶ機会も用意されています。興味のある方は試してみるといいでしょう。

ただ、気をつけたいのは、**あまり「凝りすぎない」**ということです。いかにきれいなグラフィックを書いたとしても、その美しさが評価されるわけではありません。あくまでも会議や打ち合わせの際には、話し合っている内容を視覚化することが目的で、細かい視覚化のテクニックを使わなければならないような複雑な話には、大抵の場合ならないはずです。シンプルに位置関係がわかるようにしておくだけで十分です。

同じような内容の意見やアイデアは丸でくくったり、対立した話は両者の間に×印をつけたりして対立していることがわかるようにする。時間的な前後関係や原因結果の関係にあるものは矢印で結ぶ――。こういったシンプルなやり方だけでも十分議論の内容を整理できます。

ところで、先ほど述べたように、現時点では議論の視覚化はホワイトボードが最強だと思いますが、書いた内容を保存できない（別途写真で撮影したり、コピーしなければならない）など使いにくさもあります。このような課題が解決されて、しかも軽くて可動性の高いデジタルツールが普及すれば最高なのですが……。

SCENE 7

会議や打ち合わせの成果を知りたいとき

# ○ 前後で何が変化したかに注目する

# × 議論がどれだけ白熱したかに注目する

「今日の会議さ、みんなから意見が出て、途中で白熱した議論もあったよね。すごくいい会議だったね。みんなの表情も充実感でいっぱいだったよ」——会議が終わったとき、こんな感想をお持ちではないですか？

ちょっと待ってください。その会議はなんのために行われているのですか？　数多くの意見が出たり議論が白熱すればいい会議なのでしょうか？

**会議の成果は、結局のところ、「会議の前後で何が変わったのか？」に尽きます。**

そして、その変化が会議の目的に沿ったものになっていれば、それだけ高い成果が出ているといえます。このような成果の捉え方をすると、会議で同じ行動をとっていたとしても成果は全く変わってきます。

参加者同士での情報共有がメインの会議を例に考えてみましょう。そこでは、参加者が自分の持っている情報を共有するという活動自体に大きな違いはありません。会議で共有された情報次第で、成果は大きく変わります。

例えば、他のメンバーが知らなかった有益な話が多く共有されていた場合は、大きな成果があったと考えることができます。会議前には多くのメンバーの知らなかった情報が、会議が終わったときには共有できているわけですから。

一方、全員が知っているような話ばかり共有するような会議や、あまり業務に関係のない話しか話題に出てこない会議の場合はどうでしょう？　会議前後で大きな違いが出なかったり、意味のない情報が共有されただけになったりします。これは、あまり成果のない会議といえます。

## 成果をゼロイチで捉えない

会議の成果を確認する際に気をつけたいのが、「この会議は良かった」「この会議はダメだった」のように二択で見てしまうことです。
もちろん、当初想定した成果が得られればそれに越したことはありませんが、多くの会議ではそのように思った通りには進まないものです。もし望む成果が得られなかった場合に「ダメだった」と判断してしまうと、本当に無駄になってしまいますが、実際にはそんなことはありません。

意思決定をするための会議で意見がまとまらず、最終的な決定に至らないことはよくあります。結果だけを見れば、その会議はダメだったということになります。しかし、すべて意思決定できなかったとしても、一部はできたかもしれません。それは立派な成果です。仮に全く合意に至らなかったとしても、双方で持っている情報や見解の違いがはっきりしたら、その見解の違いの認識は会議での成果になります。

このように、「ゼロイチ」（0か1）で成果を捉えずに、**会議の前後で何が変化したか、という観点を持つことができれば、次の会議での気持ちの持ちようが変わってきます。**ゼロイチで会議の成果を捉えてしまうと、「またイチからスタートか」と少し重い気持ちで次の会議を始めることになるでしょうが、前後の変化で成果を捉えれば、「前回の会議でここまでは進んだから、残りはこれだけだ」というように、前の会議との連動性も持たせながら前向きに次の会議に臨めるようになります。

会議の評価をする場合は、雰囲気的な観点や、良かったかダメだったかの観点だけでなんとなく評価するのではなく、会議を通じて何が変わったかを冷静に捉えるようにしましょう。そうすれば会議での成果が見えて、次にどんなアクションが必要になるのかがはっきりします。

第5章

# 思考整理でクリエイティビティを高める

企画を考えたい。お客様に提案したい。このような場合、いきなり「いいアイデア」を出そうとするのはあまり筋のいいやり方ではありません。「いいアイデア」を思い浮かべられるよう、あらかじめ思考を整理して、お膳立てしておくことが必要になります。

○ 問題の原因に基づいて対応策を考える

SCENE 1

「問題解決」への取り組み方

× 目についた悪い点の対応策を考える

## 問題解決の2つのアプローチ

「問題解決」という言葉を聞くと、なんだか難しそうに感じるかもしれません。しかし、実は日頃から私たちは仕事の中で、さまざまな問題解決をしています。「トラブルが起きた」といった目に見える問題への対応もありますし、お客様への提案も見方によっては「お客様の抱える問題を解決する」という、立派な問題解決を行っていることになります。

ここで説明する問題解決は、もちろん「問題への対応」を指すわけですが、実は対応の仕方は大きく２つに分かれます。

**①悪い点を取り除く**

１つ目は、いわゆる目についた悪い点への対応です。例えば、部下がミスをしたときに、その部下を叱ったり同じミスをしないように指導する、ミスをした仕事をさせない、などが考えられます。

もちろん、このアプローチが悪いわけではありませんし、仕事をしている中では実際にこうした対応をとらざるを得ない場面も数多くあります。ただ、このような対応ばかり繰り返していると、モグラ叩きのように火消しに飛び回らなければならなくなるかもしれません。似たようなミスを別の部下がするかもしれませんし、同じ部下が別の仕事でミスをしてしまうかもしれません。

**②問題の原因を取り除く**

もう１つのアプローチは、**原因に基づいて解決策を考える**ものです。部下のミスの例で考えてみた場合は、「どうしてミスをしたのか?」を探ります。例えば、知識不足や情報不足でミスをしてしまった、忙しくて仕事が雑になってミスにつながった——。このように原因が見つかれば、対応の仕方は自ずと決まってきます。

知識不足だったら知識を身につけるように、部下を指導することになるでしょう。情報不足だったら、部下にもきちんと情報が行き渡っているかを確認することになります。忙しさが理由だったら、部下の時間の使い方を確認して無駄がないかを調べ、無駄なく仕事をしているようなら仕事の量を減らすなどをするでしょう。

このように、原因に対して適切に対処できれば、おそらくこの部下はミスをすることがなくなるはずです。そして、別の部下が似たようなミスをした場合も、応用が効くようになります。

## 原因を探る前に傾向をつかんでおく

また、原因を探る前にもう一手間かけておくと、問題解決もずいぶん楽になります。それは、**「問題の傾向を把握すること」**です。先ほどの「ミスをする部下」の例で見てみましょう。

部下がどんな状況でよくミスをするのでしょうか? それを確認して、例えば同じ仕事だけで繰り返しミスをする場合、部下自身のその仕事に対する知識不足が原因の可能性が高いと思われます。そうすると、まずは知識が本当に不足しているかどうかを確認すればいいわけです。

一方、仕事が溜まっているときにミスをしていた場合はどうでしょうか？　これは、忙しさが原因である可能性が高そうです。だとすれば、知識不足かどうかを確認するより、実際に忙しいかどうかを確認してみるとよさそうですね。

「原因をつかみましょう」と簡単に言いますが、実は原因をつかむためにはいろいろ調べなければならないことが多く、大変です。**原因の可能性が高いところから確認していけば、原因探しもずいぶん楽になります。**このように、傾向がわかると、的外れな原因探しに時間をかけることがなくなります。

## 問題解決のステップ

では、ここまでのおさらいをするとともに、問題解決のステップについて整理してみます。まず、解決すべき問題をしっかりと捉えます。ここがずれたりブレたりすると、その後に、傾向をつかんだり原因探しをしても意味のないものになります。

解決すべき問題がはっきりしたら、問題の傾向を探っていきます。そして、なんら

## 問題解決のステップ

- STEP 1　解決すべき問題を明確にする
- STEP 2　問題の傾向を探る
- STEP 3　原因を確認する
- STEP 4　解決策を立案する

かの傾向が見えてきたら、その傾向に関連のありそうな原因があるのかどうかを確認します。そうして、「原因がこれだ」というのがわかったら、その原因に対応した解決策を考えます。

ちょっと面倒に感じるかもしれませんが、このステップを踏むことで実行する解決策が決まり、問題が解決するなら、これまで悩まされていた問題といつまでも付き合う必要はなくなります。

「いろいろ手を打ってもなかなか改善しないな……」という悩みがある場合は、ぜひここで紹介したような流れを試してみてください。

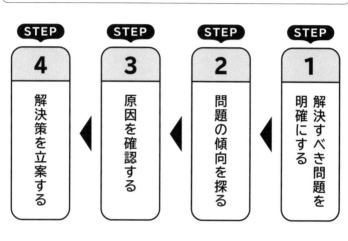

SCENE 2

問題の捉え方

# ○ あるべき姿と現状とのギャップから問題を判断する

× 目についた問題から取り組む

## あるべき姿と現状のギャップが「問題」

「今、仕事で解決しなければならない問題はなんですか？」と聞かれたら、どう答えますか？

「課長から資料を早く作るようせっつかれているし、会議ではいつも自分のアイデアを言えないまま終わるし、一つ下の後輩とうまくコミュニケーションをとれないし

問題とはあるべき姿と現状とのギャップ

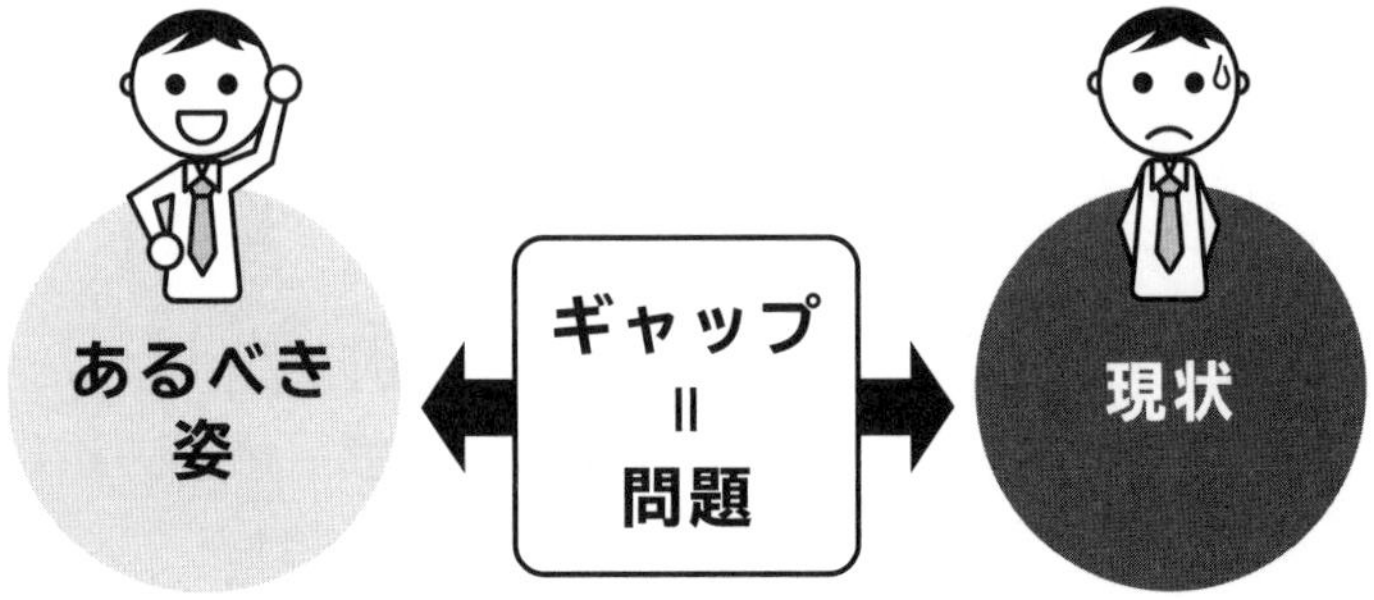


……。いろいろ問題がありすぎる」――こんな風に考えていませんか？

もちろん、これらは望ましいことではないので、解決できればそれに越したことはありません。

しかし、これらは本当に仕事での問題なのでしょうか？　そもそも、「問題」とは何を指すのでしょうか？　このあたりから、頭の中を整理しておくことができるといいですね。

**問題をあるべき姿（理想）と現状とのギャップと考えてみて、**この観点から問題をつかんでみましょう。

あなたは仕事で、どんな状態となっているのが理想ですか？　もし、それが「自分のアイデアが実現できること」なら、資料作成や後輩とのコミュニケーションは理想とは直接関係ありません。「会議などで自分のアイデアの了解が得られないこと」が問題になるのです。

問題解決の第一歩は、文字通り**「解決しなければならない問題は何か」をはっきりさせること**です。今、どのような問題を抱えているのか。解決すべき問題は何か——。これがずれたりピントがあっていないと、いくら対応策を考えたとしても的外れなものになってしまいます。

問題を捉えるときにありがちなのが、「うまくいっていないこと」を問題としてしまうケースです。

成果は上げているがメンバー間の仲が悪く、雰囲気の悪い組織があったとします。雰囲気が悪いことが問題のように見えますが、その組織にとってのあるべき姿が「他のどの組織よりも成果を上げること」だったら、雰囲気の悪さはこの組織にとって解決すべき問題ではありません。このように何事も、何が「問題」かどうかは、あるべき姿次第なのです。

## あるべき姿は主体的に設定する

となると、**大事なのは「あるべき姿」をどう描くか**です。これは誰が決めるわけではなく、自分で決めなければなりません。「あるべき姿は上司や先輩が描いてくれるだろう」と考えていては、上司や先輩の指示通りに仕事をしているだけの、主体性のない社員となってしまいます。

もちろん、会社や組織の方針とずれたあるべき姿を描くのは困りますから、まずは自分なりにあるべき姿を描き、それを上司や先輩とすり合わせ、修正しながら仕事に取り組むようにしてください。そうすれば、上司や先輩もあなたを芯が通っていると認めてくれるようになるはずです。

## あるべき姿は具体的に描く

また、あるべき姿は、できるだけ具体的にしましょう。例えば、「いい会社」というようなあるべき姿に対して、どのような会社をイメージしますか？　人によって全く違うイメージをしてしまうでしょう。それは、「いい会社」のイメージが人によって異なるからです。

また、**あるべき姿が漠然としていたら、現状とのギャップも見えない、つまり問題がわからなくなります**。「いい会社」というあるべき姿に対して、現状が「利益10億円」だとした場合、果たしてその間にギャップがあるのか、つまり問題なのかどうかが判断できません。

このようにならないためにも、あるべき姿はできるだけ具体的に描くことが重要なのです。「誰が」「いつ」「何を」「どこで」「どのように」といったレベルまであるべき姿を描くようにすると、現状とのギャップもわかりやすくなり、問題は何かがよりはっきりします。

SCENE 3 問題や課題の絞り方

# ○ 網羅的に問題点を挙げて絞り込む

# × 気になる箇所だけをチェックする

自社の商品についてお客様からアンケートをとったところ、満足度が低いという結果が出ました。ショッキングな結果ですが、見方を変えれば改善するいいチャンスでもあります。このデータをもとに、どう改善点を見つけますか？

186ページでも説明した通り、まずやるべきなのは「傾向を把握すること」です。具体的にどんなお客様からの満足度が低いのかを突き詰めていけば、特に満足度の低いお客様の層に向けた対策を考えられます。

このときによく見られるのが、「このお客様の満足度が低いのかな」と感じたところの結果だけを確認するやり方です。例えば、「繰り返しリピートしてくれているお客様が不満を持ち始めたのかな」と思ったら、5回以上リピートしたお客様の満足度だけを確認してみて、低ければ「やはり、繰り返しリピートしているお客様が不満を持ち始めているんだ」と考え、低くなければ「自分の思い過ごしだったのか」と別の悪そうなところを探すというようなやり方です。しかし、これは効率が悪いだけでなく、客観的な傾向の捉え方にもなりません。

## 網羅的に問題点を挙げるための「MECE」

では、先ほどのやり方の何がいけなかったのでしょうか？ それは**データに見落としがある**からです。リピーターだけでなく、リピートしていないお客様の満足度についてはどうでしょうか？ 実際にデータを見てみないとわかりません。リピーター以外の傾向についていろいろなデータを確認した挙げ句、リピーターのお客様のデータも確認してみよう、ともう一度調べ直すのは無駄です。

ここで、安易に「じゃあ、先ほどの5回以上リピートしたお客様に加えて、新規購入のお客様とリピート購入したお客様の満足度も調べてみよう」というのも困りもの

### MECEによる顧客の分類の例

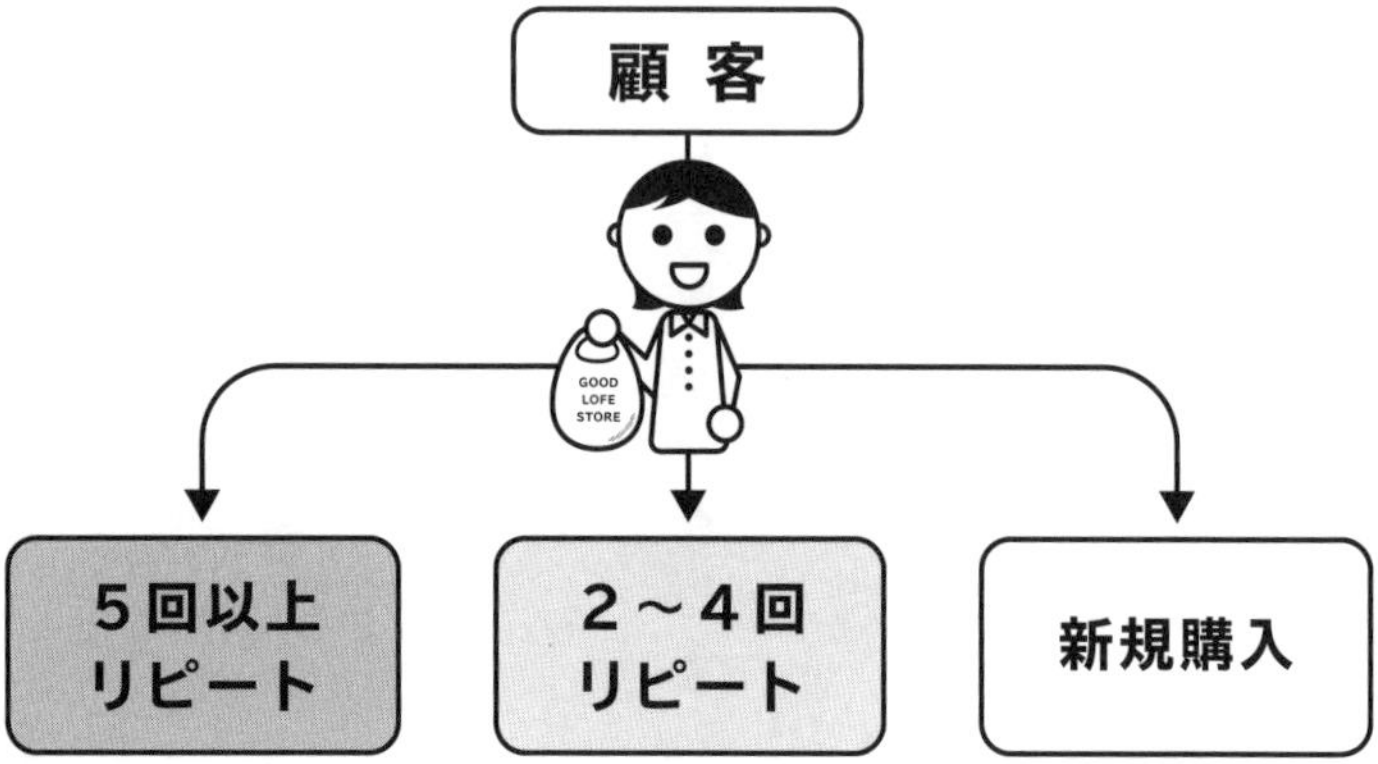


です。なぜなら、すでに5回以上リピートしたお客様の満足度は見ているので、「リピート購入したお客様」の満足度を調べると重複してしまうからです。

この場合は、以前調べた「5回以上リピートしたお客様」に加え、「2～4回リピートしたお客様」「新規購入のお客様」に分けて、満足度を調べてみると、このような重複がなくなります。

この分け方をＭＥＣＥ（Mutually Exclusive and Collectively Exhaustive）と呼び、「モレなくダブりなく」という意味で使われます。

**傾向を把握する際には、「ＭＥＣＥな捉え方」をするのが基本です。**客観的に傾向を探るとは、突き詰めれば比較することです。

比較する場合も、漠然と思いついたものを比べるのでは、客観的な比較になりません。30代のお客様の満足度と女性のお客様の満足度を比べて、女性のお客様の満足度が低いからといっても、女性の満足度を上げようという話にはなりません。30歳代のお客様の中には女性も含まれているので、同じデータを使ってしまっているからです。第一、女性と比べるなら男性でしょうし、30代の満足度が高いか低いかは他の年代との比較をしなければわからないでしょう。

## MECEな捉え方をするためのポイント

MECEな捉え方をするには、思い浮かべたものを取り上げるのでなく、「ある1つの観点」で切るように分けることが重要です。こうした**切り分けるための観点を、「切り口」と呼びます。**

MECEに分ける場合には、**どのような切り口で分けるのかをはっきりさせること**が重要です。言い換えれば、「切り口」をはっきりと意識して分けることができてさえいれば、自ずとMECEになっていると判断しても大丈夫ともいえます。

このように説明すると、「だったらMECEな分け方はいろいろある。一体どれが

## 問題点を絞り込む際のMECE

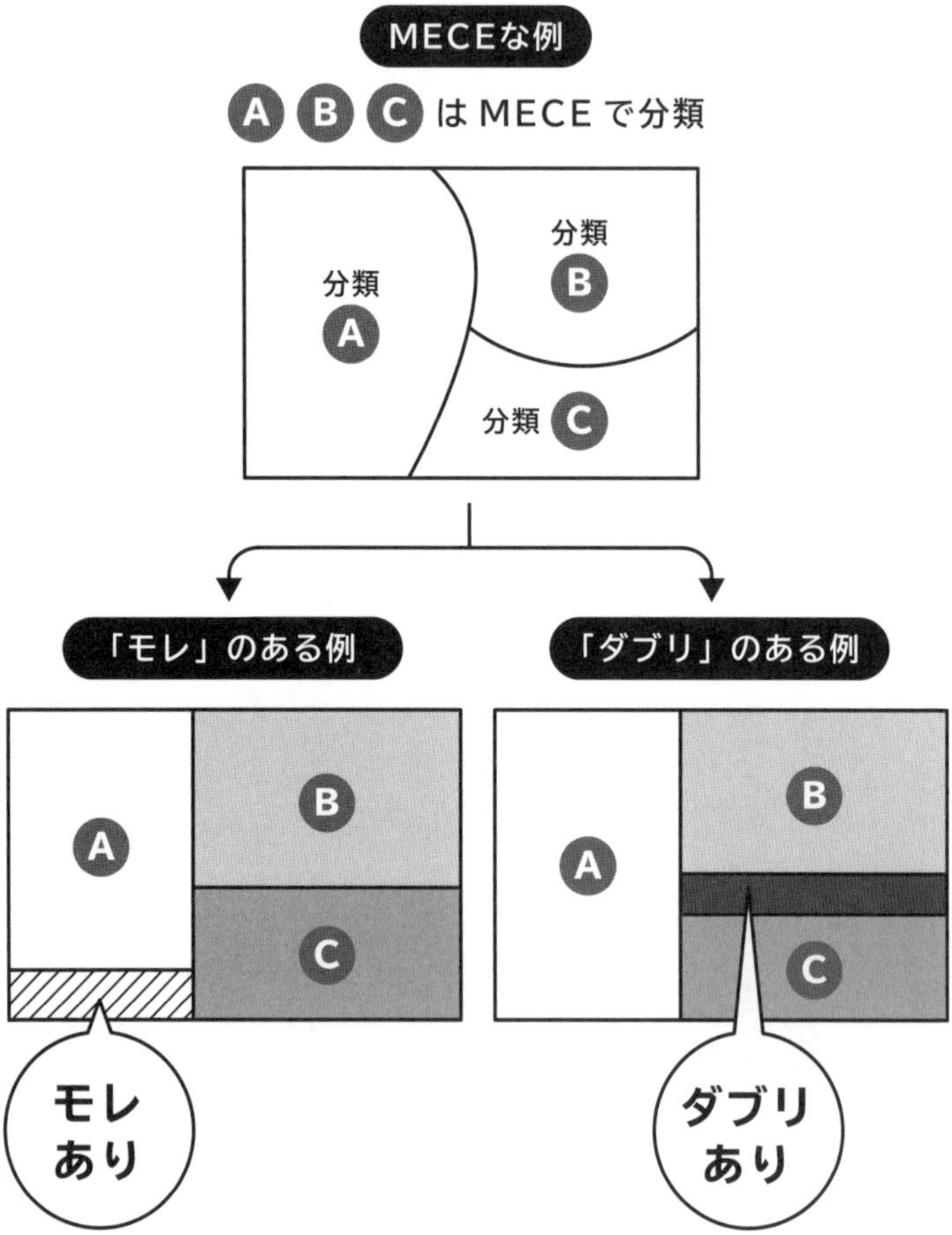

正しい分け方なのか？」と疑問に思われる方もいるかもしれません。実は、これは考え方が逆です。**ＭＥＣＥを活用する場面で重要なのは、どのような分け方がいいのかといった正解を探すことではなく、さまざまな分け方で見ていくこと**です。問題解決の場面でいえば、「どのような観点で分けると傾向がはっきりわかるのか」についてＭＥＣＥな切り口をいろいろと思い浮かべ、実際に傾向をつかんでみることが大切です。そのための材料として、さまざまな切り口を思い浮かべられることが求められてくるのです。

なんとなく状況を見たり、目についたものだけ重点的に分析するのではなく、さまざまな観点でＭＥＣＥに分け、客観的に状況を捉えていくことが、問題の傾向をつかむための、さらには問題の本質が見えるようになるための近道です。

また、現実のビジネスの世界では、「１００％完全にＭＥＣＥ」といった精緻な分け方を常に作り出すのは難しいこともあります。その場合は、必ずしも厳密性にとらわれる必要はありません。目的に合わせてＭＥＣＥの発想を活用することが必要で、場面に応じて求められるＭＥＣＥの精度も変わってきますから注意してください。

SCENE 4

問題の原因の探り方

# ○「自分に原因がないか」とまず疑う
# ×「相手に原因がないか」とまず疑う

クレームなどの問題の原因を探っていくと、ときどき重苦しい雰囲気になることがあります。そして、そのような中でよく出てくる言葉で「結局、誰が原因でそうなったの?」というのがあります。そう、**原因を探っていくと、いつの間にか「誰が悪いのか?」というような犯人探しになりがち**です。

これは、問題解決という点から見れば、決して生産的なこととはいえません。むしろ問題の解決から後退しているともいえます。

## 「なぜ？」の問いかけを自分に向ける

ここでは、人の責任を追及するのではなく、問題解決のために原因を探るというシチュエーションに絞って、クレームなどの対応策を考えてみましょう。このときに大切なのは、まずは**「自分が何をしたのか？」もしくは「何をしなかったのか？」という点で原因となることはないかを考えてみる**ことです。

お客様が指定通りに発注書を作成しなかったとき、「なぜ、お客様は指定通りの発注書を作成しなかったのか？」を探るのと同じく、「お客様が発注書を指定通りに作成しなかったのは自分の行動に何か原因があったのではないか？」と考えてみましょう。

仮にお客様が、こちらが指定してきた記載方法をきちんと確認しなかった場合、あなたは何をしていたのでしょうか？　反対に、何をしなかったのでしょうか？

初めてお客様が発注書を作成する場合なら、あらかじめ自分が作成方法について確認することや注意喚起などをしていなかったのであれば、それらも原因の一つになるでしょう。

このように、**原因を自分や自分に近いところに引きつけて考えてみる**ことを忘れないでください。原因を探ろうとすると、相手の批判につながりがちです。先ほどの例でも、お客様にしか目が向かなければ、「結局、お客様が発注書の書き方をわかっていないのが原因だ」の一言で片づけてしまうことになります。ただ、そこで思考を止めてしまっては単なる愚痴と同じです。自分たちで何かできることはないかを考えるためにも、「なぜ?」を自分にも向けることを忘れないようにしてください。

今お伝えしたことは、何も「すべての原因を自分が背負い込まなければならない」とか「お客様に対しては何もしなくていい」という意味ではありません。

この場合、原因の多くはお客様にあるのですから、今後は指定通りに発注書を作成するようお客様に頼んだりすることはもちろんやるべきです。

一方で、自分たちで何かできることはないかを探り、改善していくことも同時に行っておけば、より問題も解決に近づいていくでしょう。例えば、場合によっては、「お客様の発注書の作成をサポートする」といった対応をとる必要があるのかもしれません。

## 個人攻撃や組織攻撃にならないように注意

この項の冒頭でも少しお伝えしましたが、原因を追究した場合に起こりがちなのは、

「○○さんが悪い」「○○部が悪い」というもの。つまり、特定の個人や組織に原因があるという結論に落ち着くケースです。こうした**特定の個人や組織に原因があるとするのは、一見すると原因の根本がわかったように感じますが、実際には感情的にその人や組織を攻撃するだけに終わり、問題解決に結びつかないことがほとんどです。**

仮に特定の個人に問題があるなら、その個人の何に問題があったのか、なぜその個人が問題を引き起こすような状況となったのかを追求していくほうが、生産的な問題解決に結びつきます。

この話に関連するのが、原因を探っているのか詰問しているのかわからないような会話です。形のうえでは「なぜ？」と聞いていながら、実はその答えを求めているのではなく、相手を叱ったり責め立てるために言っているような場面ですね。

「なぜ頻繁にコミュニケーションをとらなかったんだ？」「なぜ最終確認をしなかったんだ？」などのように、形のうえでは原因を聞いているように見えながら、質問する側はその答えを求めていなくて、単に叱っているだけというのは、決して問題解決にはつながりません。日頃、自分がこのようなことを言っていないか、気をつけることも大切です。

## 原因と責任は分けて考える

問題解決に直接役に立たないのに、なぜ「特定の個人や組織に原因がある」という発想をしてしまうのでしょうか？

それは、**原因を探ることと責任の追及とがごっちゃになってしまっている**からです。

もちろん、責任の所在を明らかにすることも大事ですが、それは問題解決とは別の話です。責任を負うべき者がわかったところで、問題の解決にはつながりません。原因を追及して対応策を打つことと、責任を明確にすることは切り分けて考えるようにしましょう。

SCENE 5 問題の解決策を示したいとき

○ アイデアのオプションの中から選ぶ

× 最初に思いついたアイデアを実行する

## 解決策は「選ぶ」ことができるようにしておく

問題の解決策を考える際に心がけたいのが、解決策はいくつかの選択肢の中から「選ぶ」という発想を持つことです。そのためには、**さまざまな解決策のアイデアを挙げておかなければなりません。**

また、自分の選んだ解決策が適切だと示すためには、他にもいろいろなアイデアも検討したうえであることを示さなければなりません。アイデアをいろいろ挙げてみれば、その中でより効果的なものが見つかるかもしれません。その意味で、まずは解決策のアイデアを幅広く挙げてみることが重要です。

## アイデア出しでは「ロジックツリー」を活用する

解決策を洗い出す際には、「Ｈｏｗ？」（どのように）の視点から、「**ロジックツリー**」を活用するのが有効です。ロジックツリーとは、より上位の概念を下位の（具体的な）概念にブレイクダウンしたものです。上位層からブレイクダウンするときには、「モレなくダブりなく」（ＭＥＣＥ）を意識します。また、同じ階層で取り上げる項目の次元を揃えることもポイントです。

左ページの図は「適切な業務計画を立てられるようにする」ことに対するアイデアを挙げたロジックツリーです。業務計画を立てられるようにするには、当事者本人が一人で業務計画を立てられるようにするやり方がまず浮かびますが、本人が一人で立てられなくても、職場内でサポートして計画を立てる仕組みを作る方法もあります。

このような形で、アイデアをブレイクダウンしていきます。そして、「独力で計画を立てる」やり方と「周囲からサポートしてもらう」やり方以外には大きなアイデア

## ロジックツリーの例

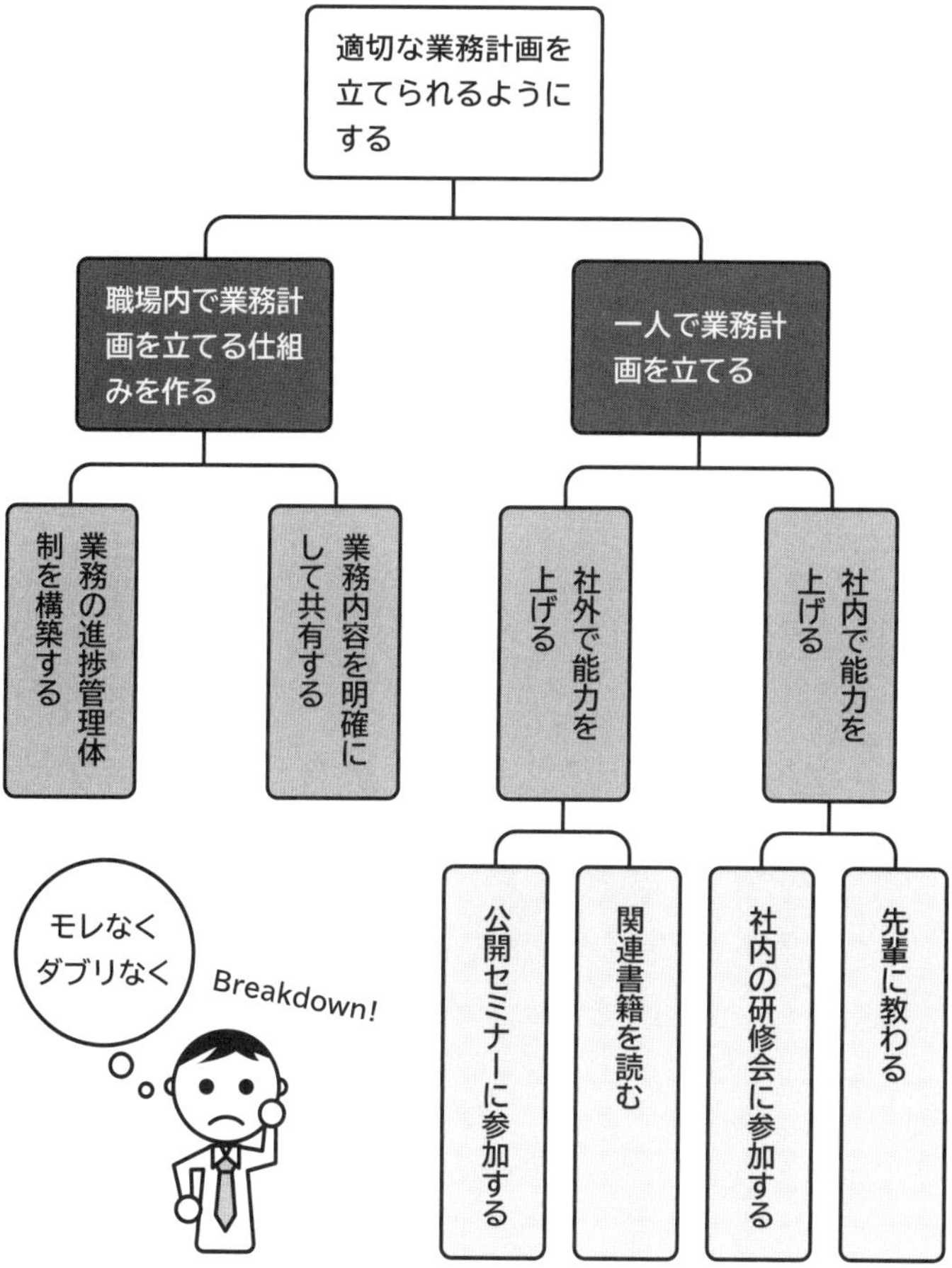
適切な業務計画を立てられるようにする
職場内で業務計画を立てる仕組みを作る
一人で業務計画を立てる
業務の進捗管理体制を構築する
業務内容を明確にして共有する
社外で能力を上げる
社内で能力を上げる
公開セミナーに参加する
関連書籍を読む
社内の研修会に参加する
先輩に教わる
モレなくダブリなく
Breakdown!

の漏れがないことを確認します。

ロジックツリーを使って考えると、それまで出てこなかったアイデアが思い浮かぶ可能性が高まります。その際、まずは**「問題を解決するのに、どのようなやり方があるか」という観点から洗い出していきます。**

解決策を洗い出す際に心がけたいのは、できるだけ**「性質の違う」解決策を挙げる**ということです。いくらたくさんのアイデアが挙がったからといって、似たようなものばかりでは、後で説明する組み合わせを考えるときに役立ちません。

また、例えば体重を落とすために、食事制限のアイデアばかり挙げていたら、実行に移す前にうんざりしてしまうでしょうし、栄養不足で体調を崩してしまうかもしれません。食事制限だけでなく運動などでカロリーを消費しやすい体質にするためのアイデアも挙がっていれば、食事制限と運動を組み合わせることができるなど、体重を落とすためのやり方にも幅が出てきます。

「全く性質の違ったアイデアも出せるようにする」ためにロジックツリーを使うことが効果的です。

## 解決策を組み合わせる

解決策を選ぶといっても、最も良い解決策を一つだけ選ぶのではありません。むしろ、**複数の解決策を組み合わせる、言ってみれば解決策のパッケージを作るという姿勢が大切です。**

どんなに良いアイデアでも、問題をそのアイデア一つだけですべて解消するようなものはなかなかありません。であれば、複数のアイデアを組み合わせて行ったほうが、問題の解決という点では適切です。

その意味では、示された解決策が問題の一部の解消にしかつながらなかったり、副作用の恐れがある解決策だから使えない、とあきらめる必要はありません。他のアイデアと組み合わせながら取り入れていけばいいわけですから。

その際必要なのは、**それぞれのアイデアがお互いを補い合っているか、という視点を持つ**ことです。

全員が四番打者の野球チームが決して得点力が高いわけではないのと同じように、斬新なアイデアや見た目に効果のありそうな解決策ばかりを並べたてるのがいいわけではありません。解決策全体のバランスにも気をつけることが求められます。

言い換えれば、それぞれの解決策の役割がはっきりしていて、その役割をすべて足し合わせていけば問題が解決すると思われる——。こんな組み合わせ方になっていれば、良い解決策のパッケージといえるでしょう。

また、その際に重要になってくるのが、前にも説明した「どれだけ性質の異なるアイデアが出ているか」という視点です。

体重を落とすための解決策を挙げている場合、「○○を食べない」というようなものばかりでは、最終的に食べるものがなくなってしまいます。

この視点だけでなく、「運動をする」「食事の頻度を見直す」「生活リズムを一定にする」などの異なる性質のアイデアを組み合わせれば、よりダイエットの効果も上がるでしょう。パッケージ化がうまくいくかどうかは、このように性質の違うアイデアをどれだけ挙げるかにもかかってきます。

SCENE 6

「ひらめき」がほしいとき

# ○ 自分の持っている知識や経験を化学反応させる

× ゼロベースで思い浮かぶまで考え続ける

「何かいいアイデアない?」——このフレーズ、1日に1回は耳にしたり、場合によっては自分自身が他の人に言ったりしているのではないでしょうか?

こう言われると、「ゼロからアイデアを考え出さなければならない」と気負い込んでしまうこともあります。ただ、そのようなアイデアの出し方は決してほめられたものではありません。**そう簡単にゼロベースでいいアイデアが浮かんでくることはありません。**

第一、大概は何か知識や経験があったうえで、それを活用してアイデアが出てくるものです。ニュートンもリンゴが木から落ちたのを見て、ゼロベースで万有引力の法則を思いついたのではなく、それまでの知識とかけ合わせて化学反応を起こし、新たな法則を見つけ出したのです。

## アイデアは「寝て待つ」

ならば、ここは開き直って、堂々と**自分の知識や経験を活用し尽くす**というスタンスでアイデアを出してみてはどうでしょうか？　ただ、どの知識や経験がアイデアに使えるかはわかりませんから、ひとまずいろいろな情報を仕入れておいて、それをまとめたりいじってみるなどしつつ、焦ることなくアイデアが浮かんでくるのを待つ、というようなスタンスが大切です。

今お伝えしたことは、ジェームズ・ヤングというアメリカのクリエイターが『アイデアのつくり方』（CCCメディアハウス）という本で紹介しているのと同じ内容です。ヤングは、アイデアを生み出すステップとして、次の5段階を示しています。

**ステップ❶** 資料集め。アイデアに関連するものもしないものもとにかく集める。

ステップ❷　資料に手を加える。集めた資料を組み合わせてみる。この段階でアイデアを考え出す必要はない。

ステップ❸　孵化《ふか》段階。いわゆる「アイデアを寝かす」。しばらく放っておく。

ステップ❹　アイデアの事実上の誕生。意外なところで新たなアイデアが思い浮かぶ。机の上だけでなく、電車や車での移動中や食事中、寝ているときにもアイデアは浮かぶ。

ステップ❺　アイデアの具体化、展開。思い浮かんだアイデアを具体的なものに落とし込む。

アイデアを出すときには特段目新しいことはせず、**自分の頭の中で化学反応が起きるのを待つ。必要に応じて刺激を加えるということが大切です。**

ここでのカギは「組み合わせ方」です。一見関係のないものを組み合わせてみる。そうすると、意外な共通点や特徴、使い道が思い浮かぶかもしれません。

**斬新なアイデアを出す絶対的な方法はありません。**地道にいろいろなものを組み合わせることを繰り返す。そうしているうちに、文字通り「自然と」アイデアが思い浮かんでくるでしょう。

SCENE 7

実際にアイデアを出すとき

# ○ クオリティはいったん無視してたくさん出す

# × アイデアが出たら、そのつど吟味する

## 「思い浮かべるフェーズ」と「評価するフェーズ」は分ける

こんなことはありませんか？

一人で会議の議題の進め方のアイデアを考えていたら、次第に調子が乗ってきて、いろいろ面白そうな進め方が浮かんできた。しかし、実際の会議でアイデアの一つを実行した場面を思い浮かべたら途端に自信がなくなり、それを境にはたとアイデアが

出なくなった……。

途中まで調子よくアイデアが浮かんできたのに、あるときを境にアイデアが出なくなる。似たようなパターンとして、アイデアを挙げたそばから「これはイマイチだったな」と切り捨ててしまうこともよくあります。

これらはアイデアが枯渇したのではなく、**アイデアを出している最中に、評価をしてしまった**からです。アイデアを評価すると、途端にブレーキがかかります。そうすると、スムーズにアイデアが出なくなるのです。

そこで、気をつけなければならないのは、できるだけ**「アイデアを出すとき」**と**「アイデアを評価するとき」を分ける**ということです。これは一人で考えているときも、グループで話し合っているときも同じです（グループでのアイデアの出し方については次項で説明します）。

## 評価する場合はしっかり評価する

アイデアを評価する段階になったら、**漠然と「このアイデアはいい」とか「このアイデアは気に入らない」などと評価しないようにします**。もちろん、ありきたりなアイデアでは困りますから、そうならないようなポイントで評価することも大切です。

アメリカの著名コンサルタントであるチップ・ハースとダン・ハースは、『アイデアのちから』（日経BP社）という本の中で、**「SUCCESs」**というアイデアを評価するための観点を挙げています。それぞれ、次の言葉の頭文字を示しています。

- S（Simple）：単純か
- U（Unexpected）：意外性があるか
- C（Concrete）：具体的なものか
- C（Credible）：信頼の置けるものか
- E（Emotional）：感情に訴えるものになっているか
- S（Story）：物語性があるか

「アイデアがありきたりかどうか」はアイデアを考えた本人が決めることではありません。自分から見れば至極当然と感じるアイデアでも、周囲にとっては意外性のある場合もあります。思い浮かんだアイデアをまずはSUCCESsの観点から、相手にとって記憶に焼きつくものかどうかを確認することを忘れないでください。

## 量は質に転化する

なぜアイデアを出すときと評価するときを分けるかといえば、**アイデアを出す段階**

**では量が大切**だからです。もちろん、たくさんのアイデアが出ていれば、良さそうなアイデアが入っている可能性はそれだけ上がるという確率的な観点もありますが、それ以上に、**「量質転化の法則」が働く、つまり量を出し続けると質の向上にもつながっていく**からです。

仕事でも勉強でも趣味の世界でも、量をこなすことによって次第に質も上がっていく傾向があります。文章も、最初はぎこちないものですら時間をかけなければ書けなかったのに、数多く書き続けることによって所要時間が少なくなると同時に、わかりやすい内容になっていきます。

アイデアも同じで、最初はあまり目新しいアイデアが浮かばなくても、目新しさに目をつぶってアイデアを出し続けると良質なアイデアが浮かんでくるようになります。そのときに、いちいち個々のアイデアを評価していては十分な量のアイデアを出す時間がなくなります。だから、ひとまずは量を重視してアイデアを挙げることも、ときには必要になるのです。

SCENE 8

集団でアイデアを出すとき

# ○ みんなで思いついたアイデアを共有しながら進める

# × 各自で挙げたアイデアを持ち寄る

## ■ そのブレスト、本当に「ブレスト」になってますか？

前項では主に一人でアイデアを考える場面について説明しました。ただ、一人でアイデアを挙げ続けようとすると、すぐに壁にぶつかります。一人だけでは知識や経験、ものの見方の幅などは自ずと限界があるからです。

そこで、みんなで集まってアイデアを挙げる——これを**「ブレスト」（ブレインス**

**トーミング）**と言ったりしますが、職場などでよく行われていることでしょう。おそらく、皆さんの職場でも、「ちょっとブレストしない？」とか言いながらアイデアを出し合う機会はたくさんあるはずです。

ただ、自戒も込めてですが、実はちゃんとしたブレストになっておらず、雑談で終わってしまうケースも多々あります。また、一人が意見を出すだけで終わったり、アイデアを出したものの批判ばかりされて言い争いになってしまったりしたら、集まる意味もないですね。

## ブレストを機能させるためのルール

こうならないように、しっかりアイデアを出したいなら、ブレストの原則をしっかり守ることが重要です。ブレストを考案したA・オズボーンは、ブレストを機能させるための４つのルール（原則）を次のように提唱しています。

- 批判はしない
- 自由奔放に。突飛なアイデアを歓迎する
- 質より量を求める

・他のアイデアに便乗するのはＯＫ

こうしたルールを徹底すれば、想像以上にアイデアは挙がってくるものです。何気なく行っているブレストも、この原則に沿ってやってみてはどうでしょうか。

## アイデアをもっと出しやすくする工夫

オズボーンはこの原則だけでなく、アイデアを生み出すための９つのチェックリスト（ポイント）も挙げています。このリストを活用すると、さらにユニークなアイデアを思い浮かべることができるはずです。

・他に使い道はないか
・他からアイデアが借りられないか
・変えてみたらどうか
・大きくしてみたらどうか
・小さくしてみたらどうか
・他のもので代用できないか

- 入れ替えてみたらどうか
- 逆にしてみたらどうか
- 組み合わせてみたらどうか

実は、ユニークなアイデアも冷静に見てみれば、こうした9つのポイントのうちのいくつかを、うまく活用しているものがほとんどです。

ブレストの4つのルールと9つのチェックポイントをうまく活用してみれば、同じメンバーで同じ会議を行っても、驚くほど多彩なアイデアを考え出すことができるでしょう。

生方正也（うぶかた　まさや）
HRデザインスタジオ代表。東京大学文学部卒業。日産自動車にて、取引先部品メーカーの経営分析・指導を担当。ウイリアム・エム・マーサー（現マーサージャパン）にて、人事制度改革、組織変革等のコンサルティングに従事した後、グロービスを経て独立。現在は、人材開発、組織変革に関するコンサルティングに携わると同時に、ロジカルシンキング、情報活用術、仮説思考などの分野の指導、著作活動を行っている。
著書に『アウトプットの精度を爆発的に高める「思考の整理」全技術』（かんき出版）、『アウトプットの質を高める　仮説検証力』（すばる舎）、『ビジネススクールで身につける仮説思考と分析力』（日本経済新聞出版社）、『シナリオ構想力 実践講座』（ファーストプレス）など多数。

**結果《けっか》を出《だ》す人《ひと》がやっている「思考整理《しこうせいり》」の習慣《しゅうかん》**

2019年 11月 20日　初版発行

著　者　生方正也

発行者　杉本淳一

発行所　株式会社日本実業出版社　東京都新宿区市谷本村町3-29 〒162-0845
大阪市北区西天満6-8-1 〒530-0047

編集部 ☎03-3268-5651
営業部 ☎03-3268-5161　振　替　00170-1-25349
https://www.njg.co.jp/

印刷／壮光舎　　製本／若林製本

この本の内容についてのお問合せは、書面かFAX（03-3268-0832）にてお願い致します。
落丁・乱丁本は、送料小社負担にて、お取り替え致します。

ISBN 978-4-534-05738-9　Printed in JAPAN

# 日本実業出版社の本

## 「値づけ」の思考法

小川孔輔
定価本体1600円(税別)

「高く売るか？　安く売るか？」「値下げか？　値上げか？」「定額販売制か？　価格変動制か？」など、利益が出て、お客が買いたくなる価格の決め方と見せ方を、実例や鋭い分析を交えて解き明かす。

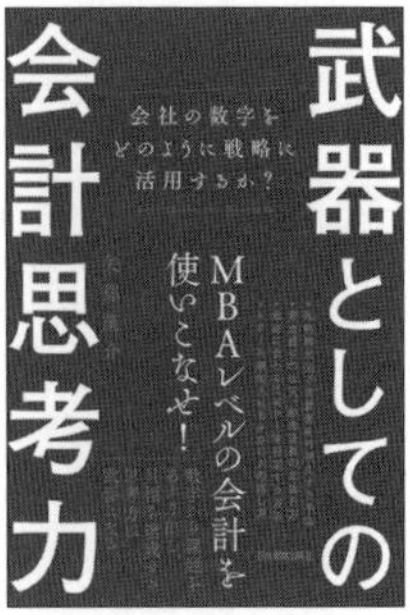


## 武器としての会計思考力

矢部謙介
定価本体1700円(税別)

決算書を比例縮尺図に翻訳してビジネスモデルを読み解く方法、財務指標の使い方、粉飾などの見抜き方、戦略に合わせてＫＰＩを設定・運用する方法などを、豊富な実例を交えて解説します。

## 仕事の速い人が絶対やらない段取りの仕方

伊庭正康
定価本体1400円(税別)

努力や能力に関係なく、段取りを少し見直すだけで、仕事の効率、スピードは劇的にアップする!　あらゆる仕事で段取り上手になるポイントを、○× の具体的な事例をもとに紹介していきます。

定価変更の場合はご了承ください。